JN194417

新しい
打楽器メソード

ストロークをシステム化する

深町浩司 著

Stylenote

目次

まえがき……7

00 ストロークとは　……………………………………………………… 8

第一部
ストロークの現状を見つめる

01 打楽器を演奏するとはなにか　……………………… 12

音色の重要性……12
打楽器演奏で陥りやすいこと……12
簡単に音が出せないしくみとアカデミズム……14
打楽器はなぜ理解されない?……15
打楽器奏者でも理解できない教え……17
打楽器の広い音色世界……19

02 バチとグリップ　……………………………… 22

効率的なバチの動きとは?……23
グリップの定義……24
支点とエンジンを理解する……24
支点とエンジンを担うのはどこか?……25
3つのグリップ……26

03 触れて感じ、演奏する　……………………… 29

どこで持ちどこでストロークする?……29
「バチで打面を打つ」という特殊性……30
触覚で感じ取る演奏……32

04 音色変化は指から始まる ……………………………………………… 33

発音すること……33

音色コントロール……36

バチをどう触れさせる？……36

アタックを変える条件……37

コラム：「音色の幅」とはなにか……41

第二部

ストロークシステムを考える

05 支点確保と快適なストローク ……………………………………… 44

母指球を意識する……44

支点とエンジンの機能は両立できない？……45

支点の力バランスを考える……45

06 テノデーシスとベーシックストローク ………………………… 47

テノデーシスの基本……47

テノデーシスからストロークを生成する……50

テノデーシスを理解し身体に自然な奏法を手に入れる……54

07 打感とリバウンド ……………………………………………………… 55

打感とはいったい何？……55

１本の指で変わるストローク……55

リバウンドの正体を探る……57

プレイヤーズ・リバウンド……59

PR と快適なストローク……61

打感のふしぎ……64

08 指の形 ……………………………………………………………………… 66

指の形を研究する……66

指の形と演奏の法則性……69
PR コントロール……69

09 ストロークの生成と分類 ……………………………………… 70

ストロークの分類法……70
ストロークの生成……71
シングルストローク……73
ダブルストローク……74
バズストローク……78
先行動作をグラデーション変化させる……78
指の先行動作と演奏の法則性……80
指導実践の例……80
コラム：無意識のグー……82

10 手首の回転 ………………………………………………… 83

手首の回転がもたらす影響……83
手首の回転とは……83
手首の回転と音色変化のメカニズムを知る……85
なぜ無意識に手首を回転させるのか？……87
手首の回転とどう付き合う？……88
ドラムのセッティングと手首の回転……89
セッティングと手順を考える……93
よりダイナミックな表現へ……93
コラム：グリップ論番外編……94

11 ストロークシステムを導き出す ……………………………… 95

自由な過程……95
シンプルなメソードへ……96

第三部
ストロークシステムを実践する

12 ティンパニ演奏の状況 ・・・・・・・・・・・・・・・・・・・・・・・・・・・ 98

技術的な状況とテクニック……98

音楽的な状況とテクニック……99

圧のコントロール……100

マレットの横移動と手首の回転……107

おわりに……112

コラム：竹マレットは繊細な宇宙……114

13 フレーズトレーニング ・・・・・・・・・・・・・・・・・・・・・・・・ 116

トレーニングのポイント……116

3つのストローク……117

コンビネーションによるフレーズトレーニング……118

さまざまなリズムとアタック……121

実践的なフレーズコントロールに向けて……122

グー、パー、ニュートラルをオノマトペにする……128

コラム：スピードストロークと音色表現……129

■ 今後の研究に向けて ・・・・・・・・・・・・・・・・・・・・・・・・・・ 130

打楽器の音色変化のメカニズムに迫る……130

「指先から全身へ」という新たな流れ……131

自分が直接感じたものが尊い……132

あとがき……134

参考文献……135

●本書で使用する動画ファイルについて

　本書では、実際に目や耳で確認しながら読み進められるように、参考動画を用意しています。これらのファイルはすべて、下記アドレスから視聴が可能です。本文中の ▶ マークを目印に視聴してください。

https://www.stylenote.co.jp/0180

※視聴できない場合は、別のブラウザをお試しください。
　たとえば、InternetExplorer で視聴できない場合は、Google Chrome、Firefox など、他のブラウザでお試しください。

※本書は、図書館およびそれに準ずる施設において、館外へ貸し出しを行うことができます。上記の視聴データはどなたでもご覧になることができます。

まえがき

　本書は、スティックやマレットなどのバチ類で打楽器を演奏する際の動作である「ストローク」の基本的な研究をまとめたものです。

　学校吹奏楽部での打楽器パートの基礎練習は、スネアドラムスティックを使って行っている場合がほとんどだと思います。また音大生、一般愛好家、プロの場合でも、演奏前のウォームアップをスネアドラムスティックで行う人が非常に多いかと思います。これらの理由は、「スネアドラムのテクニックは全ての打楽器奏法の基本である」という考えに集約されると思います。これは、私たちの諸先輩が長年の経験から生み出した非常に合理的な考えであると言えるでしょう。

　いっぽう昨今の打楽器演奏の世界は非常に複雑化し、扱う楽器の種類や量は増え続けています。バチ類を使いさまざまな打楽器を同時に複雑に演奏するマルチ・パーカッションも盛んになってきました。これにより、非常に汎用性のあるテクニックが要求されるようになりました。

　バチ類を使う打楽器の演奏を研究する際、ストロークを物理学的に捉えることはもちろん重要です。しかし本書では演奏家の立場から、「ストローク＝ひとつの打撃における身体の動き」を根本から見つめることで、一定の理論が導き出されるのではないか、という考えに至りました。そして、さまざまな試行を繰り返すなかで、私たちが普段の打楽器演奏で何気なく行っている手と指の動きのほとんどが、「テノデーシス・アクション」（手指の腱固定効果）と強い関係があることを突き止めました。

　本書では、この「テノデーシス・アクション」とストロークの関係を示しながら、バチを持つ指の形や動かし方の重要性、そしてバチを持つ指が捉える「打感」と言われるものの重要性について検討していきます。そして、「全てのストロークは指から始まり指に戻る」という考え方のもとで、本書のサブタイトルである「ストロークをシステム化する」ということを進めていきます。

　なお、本書では、「トラディショナルグリップ」については扱いません。伝統的なバチの持ち方であるこのトラディショナルグリップは、スネアドラムの奏法研究にとって非常に重要な要素です。しかし、本書の内容とは少し考え方の方向性が異なります。まずは、「テノデーシス・アクション」について、できるだけわかりやすく解説するために、「トラディショナルグリップ」については機会を改めて研究をまとめ発表することにしたいと思います。

　みなさまの演奏活動や教育の場において、本書が少しでも参考になれば、これ以上の喜びはありません。

深町浩司

00 ストロークとは

　打楽器演奏において、打撃する動作は「ストローク」と呼ばれています。本書ではその「ストローク」を、以下のような動きの流れだと定義します。

1，一定の位置でバチを構える
↓
2，バチを動かして打面に当てる
↓
3，1と同じ位置に戻る

　1から3を一回の動作だと捉えて「1ストローク（いちストローク、または、ワンストローク）」と表現することにします。1〜3を繰り返せば、「連続したストローク」になります。
　本書では、1ストロークするときの発音数（バチを打面に当てる回数）によってストロークを以下のように3種類のグループに分けます。

A：発音数が1のもの：シングルストローク
B：発音数が2のもの：ダブルストローク
C：発音数が3以上のもの：バズストローク

A：シングルストローク

発音数：1　　　　　　　　1ストロークで

B：ダブルストローク

発音数：2　　　　　　　　1ストロークで

C：バズストローク

発音数：3以上　　　　　　1ストロークで

ストローク　3つの種類

　A〜Cのそれぞれのグループには、指の動かし方の違いによる3つまたは4つのストロー
クがあります。そのため、本書では合計で 10 のストロークを扱うことになります。これら 10
のストロークの詳細については、後で詳しく述べることにします。

　本書では多くの実験や譜例を実践し、そこでは「ストロークする」という表現がたくさんで
てきます。これらは特別な説明がない限り全て「シングルストローク」で演奏することを示し
ます。

第一部

ストロークの現状を見つめる

　まずは、私たちが普段の演奏で行っている「ストローク」という作業を詳細に見つめたいと思います。そのために、そもそも打楽器とはどういう楽器なのか？　打楽器演奏とは何であるか？という問いを立てて検討していきます。そして、打楽器演奏にとっていちばん重要な「自在な音色の創造」のために何が必要なのかについて、考えていきます。

01 打楽器を演奏するとはなにか

音色の重要性

　私たちが音楽を演奏するとき見ている楽譜には、「f, mp, pp」などのダイナミクス（強弱記号）や、「アクセント、スタカート」などのアーティキュレーションが記され、一音ずつどのような条件で演奏するのか細かく指示されています。私たちはこれらの指示にもとづいて、楽譜を忠実に再現することを目指します。

　さて、よく「音楽は音色がとても大切だ」と言われます。誰しもこれに反論することはないでしょう。しかし実際は、作曲家が楽譜のひとつひとつの音符に対して、音色を具体的にどうするかという情報を書き表すことは不可能です。だからといって、演奏家はその楽譜で演奏するとき、音色のことを考えなくて良いというわけではありません。楽譜を演奏するということは、作曲家が表現したいことを全て代弁する作業です。つまり、楽譜に書いてある情報を再現するだけではなく、作曲家が楽譜に書き表せなかった情報〜楽譜に込められた音色〜も同時に引き出して表現する作業なのです。

　作曲家が楽譜に込めた音色を引き出すためにはどうすればよいか？　いちばん手っ取り早いのは、作曲家に直接たずねることです。しかし作曲家がもうこの世に居ない場合、たとえばベートーヴェンの交響曲ならば、音色について直接ベートーヴェンにたずねることはできません。その場合は、スコア（総譜）を分析したり、曲の背景やその時代の様子などを調べたりして、ベートーヴェンがその曲でどういう音色を求めたのか考えながら音色を作り上げていく必要があります。

　楽譜に込められた音色を引き出すことで、演奏家は初めて楽譜の全体を表現することができます。これが、「作曲家の代弁者となる」ということであり、演奏家の本質的な仕事であると言えるでしょう。しかし、演奏家も人間である以上、当然自分自身の気持ちも込めながら楽譜を表現することになるわけです。つまり演奏会の聴衆は、演奏家の情動を介して作曲家の情動に触れる、という複雑で高度な体験をするのだと考えられます。これが、どんなに時代が進んでも機械には決して真似のできない、「人間同士だけが可能とする、芸術を通じたコミュニケーション」だと言うことができます。

　打楽器を演奏するときも、もちろん上で述べたように楽譜に込められた音色を考察して表現するべきです。ところが昨今では、打楽器に託されるフレーズが複雑を極めたことで、音色表現という重要な仕事が見過ごされるケースが増えてきました。

打楽器演奏で陥りやすいこと

　打楽器アンサンブル（打楽器だけを用いた室内楽）では、ひとりの奏者が受け持つ楽器の数が非常に多く、それらは複雑に配置されます。このため、バチを正確に正しい順番で打面

に当てるだけでも、高い技術が求められます。マリンバソロ曲ではほとんど常に4本のマレットを使いますが、楽曲に取り組むためには、全てのマレットを正確にコントロールする高度な技術があることが大前提になります。

このような状況によって、まず身に付けるべき基本的条件として、バチを正しい打面に速く正確に当てる「打撃技術」が重要視されるようになってきました。しかし、打撃技術だけに価値を与えすぎるとそれ自体がまるで音楽表現の本質であるかのような誤解が起きてしまいます。

たとえば、マルチ・パーカッション・ソロ（さまざまな種類の打楽器を並べて1人で演奏する）のとある作品をAさんとBさんがそれぞれ演奏したとしましょう。曲はとても難しく、バチの移動を正確に行いながら指定のテンポで演奏するためには高い打撃技術が必要です。Aさんはまず曲の構造と背景を理解し、幅広い音色を出すために楽器の選択にこだわり、とてもダイナミックで音色が豊かな演奏をしましたが、ミスタッチ（バチを正しい打面に当てられず、楽譜に書かれた正しい音が出ないこと）が目立っていました。Bさんは曲の構造と背景や楽器の選択にはあまり興味がなく、かなり速いテンポでミス無く正確に叩きましたが、音色変化のない演奏でした。この二人の演奏を比較した場合、客観的に高い評価を得るのはまず間違いなくBさんです。理由は、Bさんの方がミスが少なく、楽譜に書いてある情報を正確に再現しテンポも速かったからです。しかし、音色に変化がない演奏には生命力を感じません。また曲の構造や背景を理解していないままの演奏では、「作曲家の代弁をする」という音楽表現の本質とかけ離れているように思えます。しかし、それにも関わらずBさんの方が高評価を得ることになってしまいます。

Aさん Bさん

これは、打撃技術が重要視され大きな価値として評価されてしまう典型的な例です。こうした結果になってしまうのは、打楽器がもともと持つ発音のしくみが原因だと考えられます。

「打楽器は誰が叩いても簡単に音が出せる」とよく言われますが、それはまぎれもない事実でしょう。打楽器はバチが打面に当たれば必ず音が出ます。極端な例ですが、鉛筆を打面の上にあやまって落としてしまっても音は出ます。打楽器の音が出るための条件は、他の楽器とは比較にならないほど簡単なのです。

このため、他の楽器のように初心者では良い音が出ないが上級者になれば良い音が出せるということが、打楽器にはほとんど当てはまりません。たとえばクラリネットであれば、まったくの初心者の場合は音が良い悪いと言っている場合ではなく、まず音そのものが出ないこともあります。偶然出たとしてもそれは楽音とはほど遠い「キーキー！」という耳ざわりな音だったりします。

では、打楽器の場合を考えてみます。初心者と上級者が、それぞれバスドラムを mf で全音符一音だけ演奏し、その演奏を、目隠しをした聴衆が客席で聴き比べるとします。このとき、どちらが初心者の音でどちらが上級者の音なのか、客席の誰も分からないという結果になることがあります。つまり、打楽器は誰でも似たような音が“偶然に出てしまう”ことがあるほど奏法が単純である、と言えるのです。

打楽器は発音している時間がとても短いため、他の楽器のように一音の響きだけを長く歌い聞かせるような表現は困難です。楽譜に書かれる音符の密度（打撃の数）を増やすことで、音楽の量的な表現をすることになります。

打楽器アンサンブルやマルチ・パーカッション・ソロなどの打楽器楽曲には、難易度によってグレード分けがされているものがあります。この難易度とはほとんどの場合、打撃技術の難易度、つまり「バチを正確に打面に当てる難易度」のことであり、「楽譜に書かれた情報を再現する難易度」のことです。打面の数と音符の密度を増やすことで、この難易度は増していきます。音量の変化を極端にする、リズムを複雑にする、テンポを速く設定するなどの要素を加えれば難易度はさらに高くなります。このように打楽器音楽は、「簡単には全ての音が出せない複雑で難解なシステム」を楽譜に仕込むことで、そのアカデミズムを高めてきたわけです。

打面の数が増えると、難易度が上がる

逆に、打面の数が少なく音符の密度も低いシンプルな楽曲の場合、音を出すこと自体はとても簡単なので、楽曲そのものの価値すら見いだせなくなっている場面に出くわします。「簡単に全ての音が出せる曲」いわゆる「譜読みが簡単な曲」は教育的だが芸術的ではない、という風潮が確実にあると感じられるのです。

中高生たちが出演するソロコンクールなどでは、かなり難易度が高い楽曲を鮮やかな打撃技術で速く正確に演奏する場面を見受けます。難易度が低い楽曲はコンクールなどには適さない、という考えがどうやらあるようです。

このような流れによって、今や打撃技術の価値は絶大になったと言うことができます。

本書で展開する内容は、ストロークの密度（ストロークの速さや同時に叩く数）が増すと、音色変化が疎かになりやすい、という考えに基づいています。限界を超えるようなハイスピードストロークをただ目指すことはすなわち、芸術的な表現を放棄することに繋がる危険があるのです。この理由については、後で述べることにします。

■打楽器はなぜ理解されない？

「打楽器は誰でも簡単に音が出せる、発音が単純」であるはずなのに、他方で、「打楽器はよく分からない」と言われてしまうことがあります。私も実際、他の楽器の仲間から「打楽器のソロ曲を聴くと、すごいことをやっているとは思うが、正直なんだかよく分からない」と言われることがあります。こう言われるととても残念な気持ちになってしまいます。しかしよく考えると、周りからこのように思われる原因は、実は私たち打楽器奏者の側にあるのかもしれないのです。

この原因を探るために、言葉と音楽を関連づけて考えてみましょう。

早口でまくし立てる漫才を観ながら大いに笑うことがあると思います。これは、漫才師が早口でしゃべっても滑舌が良く発声が明瞭であれば、全体を聴き取れて意味を理解できるからだと思います。つまり意味が理解できるから、笑うという反応が生まれるわけです。

これを打楽器演奏に置き換えてみます。言葉を話すとき発音に気をつけることで相手に意味が通じるように、音楽を人に表現するときも発音が非常に重要です（これは、ここであえて言うまでもないことですが）。ところが打楽器の場合、発音があまりにも簡単であるがゆえに、他の楽器のような「発音能力」を持たなくても演奏は成り立ちます。ともすると、打楽器演奏における初心者から上級者へのハードルは、前述したようにバチを正しい打面に速く正確に当てることの技術（打撃技術）であって発音能力そのものではないという状況になりうるのです。一打の発音が明確であれば、どんなに音符の密度が高まり速く演奏しても、聴衆はそれらをフレーズとして認識するでしょう。しかし、発音が不明確な状態でただ速く演奏すれば聴衆はフレーズを認識できなくなり、「速い演奏だ」という印象だけがかろうじて残るでしょう。お分かりだと思いますが、発音が不明確でただ速く演奏しても、それは奏者が自分の打撃技術だけをただアピールしているに過ぎないのです。これが、打楽器演奏が一般の人たちから「すごい演奏だが、よく分からない」と思われてしまう大きな原因だと考えられるのです。

　打楽器の発音を考えることはすなわち音色を考えることに他なりません。発音と音色の関係については後に詳しく述べますが、私たち打楽器奏者は、発音の瞬間に集中することで楽器の音色に変化をもたらすことを体験的に知っています。それはたとえば、楽曲のクライマックスの「ここ一発」と言われる場面で、全身全霊でその一音を叩く「発音の瞬間」の直後に得られる全く別格の響きがそれです。このような素晴らしい体験があるにも関わらず、私たちは昨今の音楽状況における「打楽器の超過密な音の世界」に束縛されてしまい、ひとつの音色としっかり向き合う余裕を見失っているのかもしれません。

　一般的な器楽音楽では、明確なピッチを持つ楽器によって旋律や和音が演奏され聴衆はそれを聴き取る、というプロセスをとります。これを堅苦しく書くと、「機能和声によって組み立てられた音の構造物が『なんらかの意味』として聴衆に理解される」というプロセスになります。これに対して、明確なピッチを持たない打楽器の音楽では機能和声を用いず、「音色とリズムによって組み立てられた音の構造物が『なんらかの意味』として聴衆に理解される」ということになります。一般的な器楽音楽も打楽器音楽もこの「意味の理解」があって初めて、芸術性ある表現として聴衆に受け容れられるのだと考えます。ここで見えてくるのは、打楽器音楽において音色とは「意味の理解」にもっとも強い影響を与えるファクターであり、音色を考えることは打楽器音楽の芸術性を考えることに他ならない、ということです。この理由は、リズムは楽譜に客観的な情報として示されるものであるのに対して、音色は楽譜に示されず演奏家の感性に委ねられ創造されるものだからです。そして、創造された音色はそれを文字や

記号に置き換え客観的に示したり、そこからまた元の「音色そのもの」に変換することも不可能だからです。音色とは、それ自体が純粋で絶対的な存在なのです。

　ここまでのことから、「楽譜の奥に込められた音色を引き出して表現することで、作曲家の代弁者となる」という、演奏家の本質的な仕事の重要性が改めて浮かび上がってきます。打楽器音楽の意味の理解のために、私たち打楽器奏者はもっと音色についてシビアに考えていく必要があるのだと考えます。

■打楽器奏者でも理解できない教え

　打楽器教育の世界に、「バチを自然に落とすように打つことが良い奏法だ」という教えがあります。これは吹奏楽を経験した多くの人が耳にしたことがあると思います。私も学生時代に先輩からこの教えを授かり、毎日スネアドラムの猛練習をしていました。しかし結局のところ、教えの意図はよく分からないまま学生生活は終わってしまいました。

　「タイコ（打楽器）が鳴る」という言葉も、古くからあるものです。ところがこれも、はっきり言ってよく分かりません。「あの人のドラムスは鳴っていた」とか「このマリンバは鳴らない」といった漠然とした表現で用いられますが、これがどういう音の状態を示すのか具体的に説明できる人は、おそらくほとんど居ないのではないでしょうか。

　あるレッスンで教師が「君のティンパニはぜんぜん鳴っていない、鳴らすとはこういうことだ」と言い、生徒のマレットを取って自ら華麗に振り下ろした！　しかしその音はレッスン室の許容量をはるかに超える爆音で、結局教師が示したのは「鳴るとは音量が大きいということ」であった、などという、笑うに笑えない話もあります。

　そもそも、西洋音楽で使用する多くの楽器では、音楽的であれ音響的であれ「常に楽器が一定の鳴り（音量）を満たすように演奏するのが良い」というメソードは存在しません。にもかかわらず、なぜ打楽器だけこのような考えが定着しているのか、理解に苦しむところです。

　「脱力」というキーワードも打楽器教育に定着しています。「腕を脱力しバチを自然に落とすように打つことでタイコが鳴る」というように他のキーワードと組み合わせて、総合的な教えとされることもあるようです。しかしこれも信頼できるものではありません。たとえばアメリカのトップクラスと評されるドラマーで、お腹にドスンと来るような太く鋭いアタックを出す人のプレイを真後ろで聴いていても、そのように常に脱力してバチを落とす奏法で打っているようにはとても見えないからです。

分かりづらい教えや定義

　私は、今まで出会った多くの打楽器仲間や先輩たちと、こうした教えや定義について何度も議論をしてきました。しかし「ドラマーの〇〇さんは脱力して叩いているように見えない」と言っても、「彼は例外さ！　天才だから！」というひと言で片付いてしまったり、「鳴るという意味が分からない」と言っても、「それは君が、本当にタイコを鳴らすことができた△△さんの演奏を生で聴いたことがないからだ」（この場合、△△さんは、たいてい故人であるか引退している）というように、論点をずらされる場面が非常に多かったのです。

　これらの教えや定義の本当の問題は、単に分かりづらいということではありません。それらによって打楽器の音色がどう変わりどのような表現力につながるのかという、音楽表現における非常に重要な核心について何ら具体的に触れていないことなのです。先述の「バチを自然に落とす」という教えはたとえば、「バチを自然に落とすとシャフトが十分振動して倍音を引き出せる」というような具体的説明がなければとうてい理解されません（実際このような意味だったのかどうかは分かりませんが）。

　このような打楽器の中の世界観は、外の世界、すなわち他の楽器の人たちから見れば、なかなか理解しづらいものでしょう。これも「打楽器がよく分からない」と言われるひとつの原因だと考えられるのです。

　打楽器奏者自身が、「打楽器を演奏するとは何であるか、打楽器演奏の何を重要視して評価するのか」ということについてもっと根本的な議論をし、内外に対して明確に具体的に示していく必要があるのかもしれません。

打楽器の広い音色世界

　私たちがよく知っている打楽器の歴史をみると、楽器によってさまざまな足取りをたどって
きたことがわかります。

　カウベルはラテン音楽でよく使われ、常に力強いリズムで打ち鳴らされる楽器です。しかし、
「Cowbell（牛のベル）」という英語名の通り、元々はアルプスの山間部で放牧する牛の首に付
けて、飼い主が牛たちの居場所を音で確認するために使われていたものです（今でもスイス・
アルプスで見ることができます）。このため、牛たちの耳に優しい音色で、かつ遠くによく響
く必要がありました。

牛の放牧で使われる伝統的なスイスカウベル

アルプス（スイス）の牧草地で飼育されている牛（Wikipediaより）
Photo taken by Irmgard on July 20, 2006 CC BY-SA 3.0

ラテン音楽で使われるカウベル

19世紀にオランダで製造されたティンパニ
（株式会社プロフェッショナル・パーカッション 所蔵）

これらは現在「バロックティンパニ」と呼ばれ、
現代のオーケストラで通常使われているものより
サイズが小さい。中世の時代は、これらよりさら
に小型のものを馬の上に載せて叩いていた。

　ティンパニは中世の時代にヨーロッパに伝わったとされています。当時、騎士たちはそれぞ
れお抱えのティンパニストを雇っていて、剣術の試合（トーナメント）では儀礼としてティン
パニが打ち鳴らされました。当時のティンパニの音色は騎士の権威の象徴でもあったのです。

　シンバルは、アジアにもヨーロッパにも古くからあったもので、オスマントルコ軍がその権
威を誇示するために使っていました。また、チベットでは2種類の神を崇めるために、シンバ
ルを強く打ったり静かに打ったりして音色を区別する奏法が古くからあったようです。

　日本の楽器である拍子木はオーケストラや吹奏楽でも使われますが、本来は人々に合図をす

るための道具です。たとえば「火の用心」のような夜の見回りでは注意喚起のために拍子木が鳴らされます。大相撲では行司が拍子木を鳴らして相撲の進行を知らせますが、その音は間近で聴くと非常に強烈で、ざわめいている国技館の中でも隅々までよく通る「合図の音」なのです。

このように、多くの打楽器はもともと、その国や地域の生活や行事、宗教のための道具や祭具などとして使われたり、民族固有の音楽で使われ、それぞれの場面に必要な音色を出していたものが、後の時代になって西洋音楽に取り入れられたのです。現代の西洋音楽で使われる楽器の多くは純粋な音楽演奏を前提に作られていますが、打楽器はそれらとはそもそもの歴史が異なるのです。

オーケストラや吹奏楽、アンサンブルやソロなどではたくさんの種類の打楽器を使いますが、これらはみな、道具として使われていた頃の粗野で素朴な音色を源に持っています。つまり私たちが「普段音楽で使っている打楽器の音色」は全体のほんの一部であり、本来打楽器は西洋音楽の伝統的な概念ではとうてい捉えきれない、非常に広くダイナミックな音色世界を持っているということです。打楽器を勉強する際は、まずこのことをじゅうぶん理解しておくことが重要です。

また現代では、空き缶や瓶といったいわゆる「ジャンク品」や、石ころや木っ端など自然の物をそのままの形で打楽器として使用したり、新たな創作打楽器も作られています。さらに、まったく斬新な音色を出す電子打楽器も発展してきています。このように、打楽器の音色の世界はどんどん広がり続けているのです。

打楽器奏者は、このような広大な音色世界に対して常に強い関心を持ちながらも、西洋音楽という「限定された伝統的な音色」をしっかり見つめ、自分の技術と感性を磨いていかなければならないのだと考えます。

打楽器の音色世界

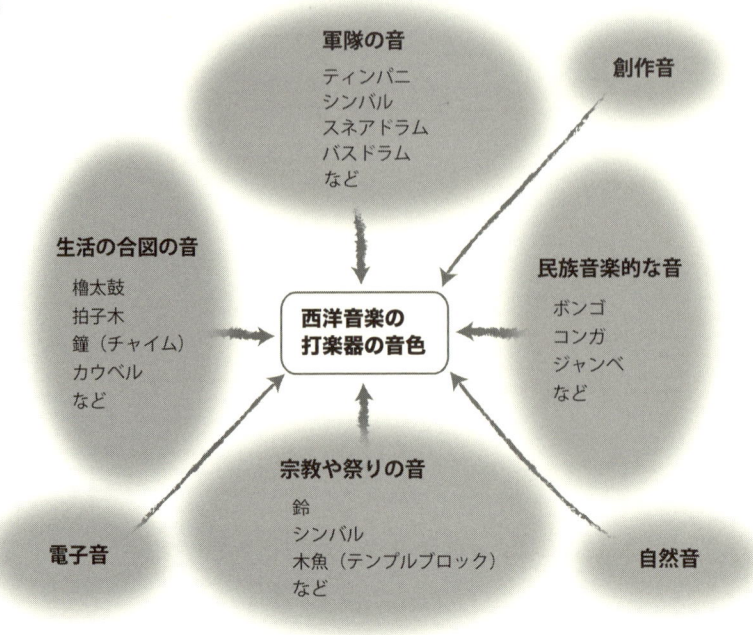

この他にも数多くの打楽器があります。また種類分けはひとつの考え方であり、絶対的なものではありません。

　本書が定義する、打楽器演奏の本質とは「自在な音色の創造による表現」にあります。そこに巧みな打撃技術が伴うことで、打楽器演奏は初めて芸術性ある音楽表現として受け入れられるのだと考えます。

　他方で、高い芸術世界を目指さなくても気軽に音色の創造を試みることができるのも打楽器なのです。これは発音方法が簡単であることによる特徴だと言えるでしょう。この理解を深めることで、打楽器を使った子どものための新しい教育の可能性が見えてきます。西洋音楽の型にはまった"正しい奏法"を学ぶ考え方だけではなく、多くの打楽器を使って、自由な音色を引き出す想像力と多様な音色に対するセンシビリティ（感受性）を育むという、新たな発想をすることができます。

　先ほども述べた「打楽器は誰でも簡単に音が出せる」という表現は、良い意味でも悪い意味でも使われますが、これを少しだけ変えて「打楽器は誰でも簡単に音色を創り出せる」というふうにしてみます。すると、「打楽器の世界はとても身近で、創造的な喜びに満ちている」なんだかワクワクする魅力的な世界に思えてきませんか？

02 バチとグリップ

本書では、スティックやマレット、ビーターなど、打楽器を演奏するために使う棒状の道具を総称して「バチ」と呼ぶことにします。ただし、特定の楽器のバチを具体的に示す必要がある場合は随時、「スネアスティック」「ティンパニマレット」などと記します。

一般的に、バチの各部は下の図のように呼ばれています。

バチの各部の名称

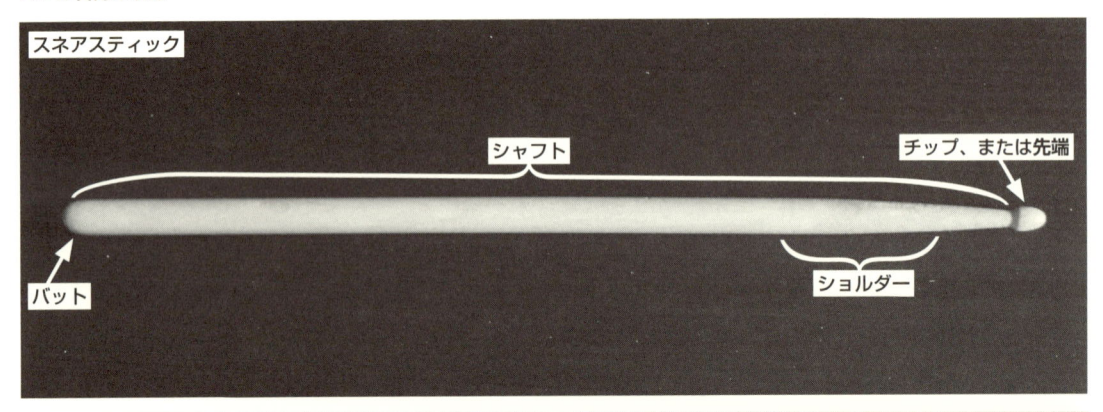

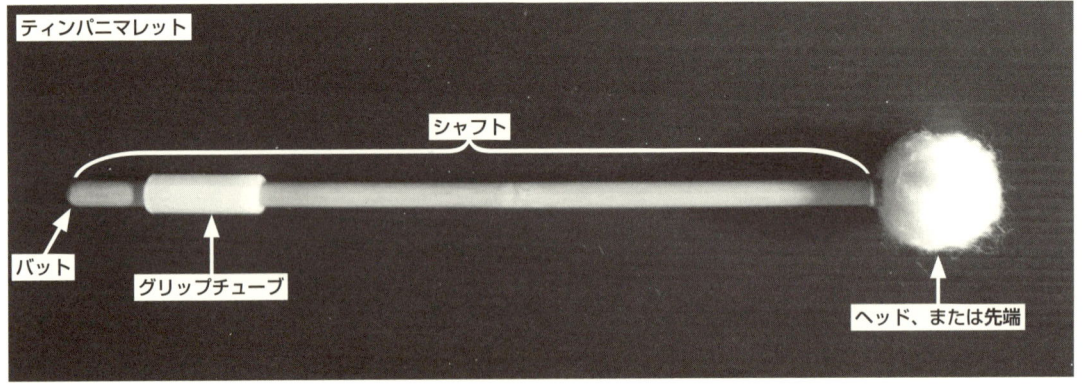

本書では、スネアスティックとティンパニマレットを使って多くの実験や体験を行います。それらの結果をより実感するために、以下のような素材や構造を参考にして、それぞれのバチを用意してください。

・**スネアスティック**：メープルまたはヒッコリーで作られたもの。

・**ティンパニマレット**：シャフトに直径9ミリ〜11ミリ程度の軽い竹が使われ、ヘッドは柔らかいフェルトが巻かれ、グリップチューブが装着されている。

2本のバチをペアで用いる場合、シャフトの重さとピッチがそろっていることを必ず確認してください。

効率的なバチの動きとは？

　ストロークにおいてバチがいちばん効率よく動いている状態は、バチを保持する部分（以下：支点）を回転軸としてバチが回転している状態だと考えることができます。実際の演奏では、バチを保持する支点とバチの回転の中心となる回転軸は、常に同じ位置にあるとは限りません。しかしここではストロークのメカニズムをよりシンプルに示すために、「バチは支点を回転軸として動く（支点と回転軸は同一）」という前提で論じ、これらをまとめて「支点」と呼ぶことにします。

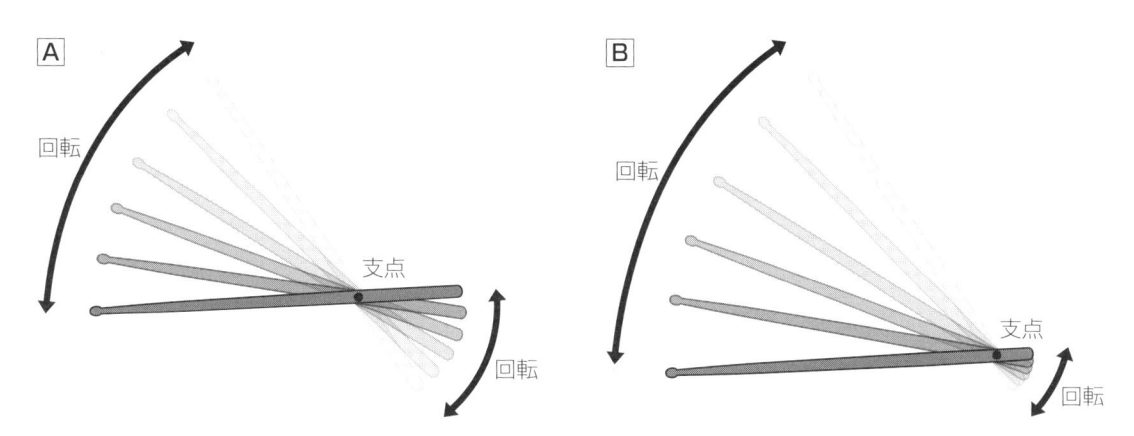

Ａは Ｂ よりも支点の位置が前にあり回転の大きさも異なっているが、支点を軸として回転しているため、同じ種類の運動であると判断できる。

　このような動きでなくても、たとえばバチをただ上から放り投げても音を出すことはできます。しかしこの場合、バチの上に支点も回転軸もなく回転しないため、一定のリズムを演奏することはできません。このため、さまざまな楽曲を演奏することは不可能で、現実的な動きとは言えません。

　バチを支える支点を軸としてバチを回転させるためには、バチを押して動かす力（以下エンジン）が必要になります。

　エンジンはア：支点の後ろ（バット側）またはイ：支点の前（ショルダー側）に設置することができます。

スティック上に支点も軸もなく、スティックが落下する運動

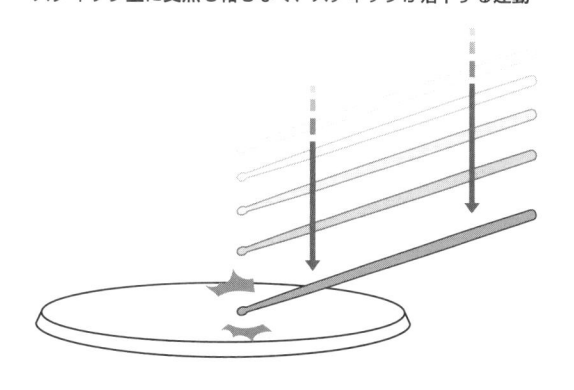

打楽器演奏にとって現実的ではない

支点とエンジンの位置関係

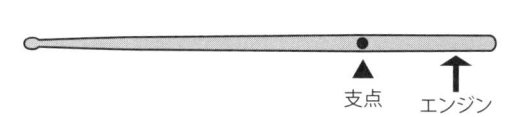

ア：エンジンが支点より後ろにある

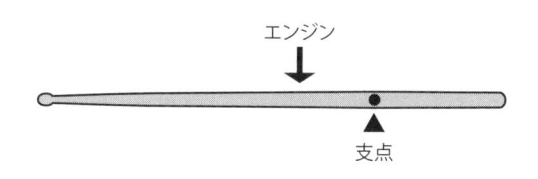

イ：エンジンが支点より前にある

グリップの定義

　打楽器奏者やドラマー、パーカッショニストがバチを持つときの手の形を「グリップ」と呼びます。グリップは、実にさまざまな分類のされ方をしています。国や地域による分類、また、「誰に師事したのか」「誰のメソードで学んだのか」という流派のようなものによる分類、または音楽ジャンルやプレイスタイルによって「オケで主流のグリップ」「ジャスドラマーに多いグリップ」という分類、といった具合です。

　ここでは、このような分類の考え方からいったん離れ、「そもそも打楽器のグリップとは何であるのか？」という根本的な問いを立てました。そして、「グリップとは、バチを保持して動かす機能を実現するための方法論である」という定義を導き出しました。バチを保持し動かす機能とは、バチを保持する支点とバチを動かすエンジンの機能です。つまり、グリップとは、「バチに支点とエンジンを設置し機能させるための方法論」である、ということになります。

　ここでは、この考え方にもとづいて、支点とエンジンについて基本的な条件を考え、その条件の違いによってグリップを分類していきます。

支点とエンジンを理解する

　支点とエンジンの機能を理解するために、以下のことを行います。

支点を作る

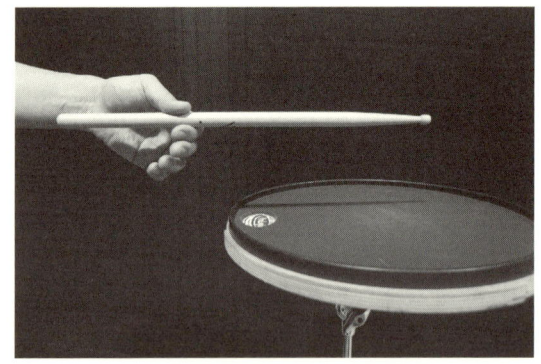

1，スティックのバットから1/3あたりの場所を親指と人さし指で軽く挟み支点を作る

2，スティックが水平になるよう構える

3，スティックの支点より後ろ（バット側）を下から指で押して、支点を軸としてスティックを回転させ、打面を打つ

前支点・後ろエンジン

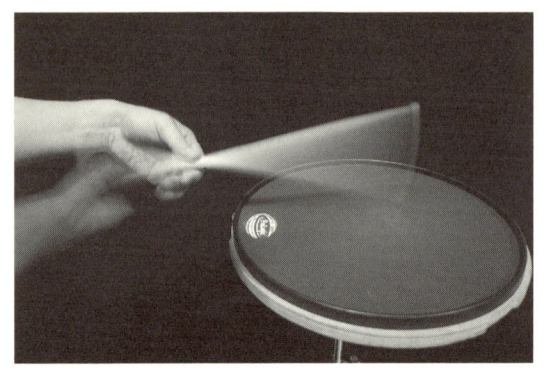

4, 2の状態で構えたら今度は、支点より前（ショルダー側）を上から指で押して、支点を軸としてスティックを回転させ、打面を打つ

後ろ支点・前エンジン

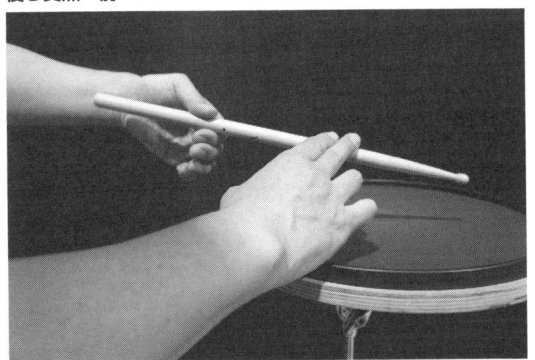
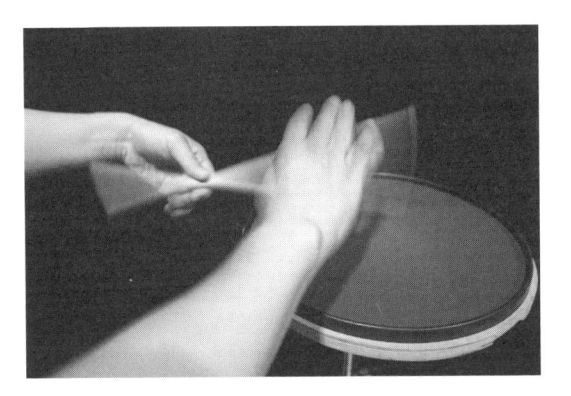

　支点とエンジンの前後位置関係を変える、すなわち軸とエンジンの前後位置関係を変えても、スティックは回転してリバウンドする（跳ね返る）ことが分かります。

支点とエンジンを担うのはどこか？

　ストロークするためにバチを動かすとき、腕や肩などの動きが必要だという考え方があります。打楽器演奏はときにダイナミックな身体動作を伴いますから、より大きな筋肉の動きが重要だということでしょう。しかし腕や肩はバチに直接触れないため、バチそのものの回転運動に必要な支点やエンジンであるとは言えません。

　そこで本書では、バチの支点とエンジンを担うのは、バチに直接触れている指であると定義して、テクニックを整理していきます。

バチを合理的に動かすための条件は「支点」と「エンジン」……その役割を担うのは「指」

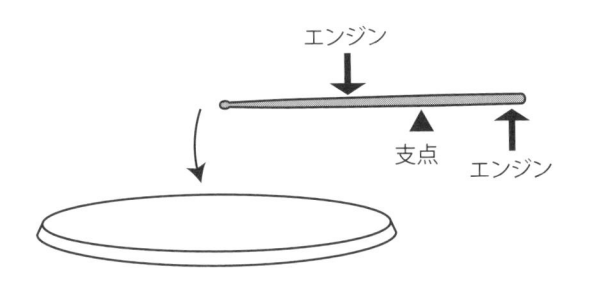

●支点の役目
　親指・人差し指・中指・薬指・小指

○エンジンの役目
　人差し指・中指・薬指・小指

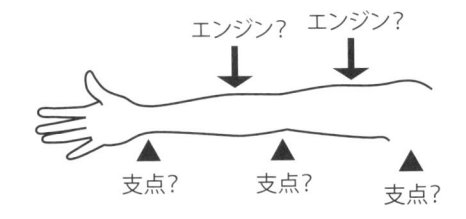

手首や腕、ヒジや肩もバチを動かすための支点でありエンジンであるように見えるが、バチそのものの支点に関わることはなく、バチに直接触れることもない。

　グリップを「支点とエンジン」という観点から「クラシックグリップ」「パワーグリップ」「ハイブリッドグリップ」の3つに分けて、それぞれを比較します。またバチを操作する機能や音楽的な特徴などについても比較します。それぞれのグリップ名は、本書が今回新たに名付けたものです。写真はスネアスティックで示していますが、基本的なことがらについては他の楽器（ティンパニ、マリンバの2本マレット奏法、バスドラム、トライアングル）などでも同様です。

　ここでは全て手の甲が真上を向いた状態でバチを持っていることを前提に、それぞれの機能を示します。手首を回転させて手の甲の向きを横方向に変えてストロークすると音色が変化しますが、これについては後で詳しく述べることにします。

クラシックグリップ（Classic Grip）

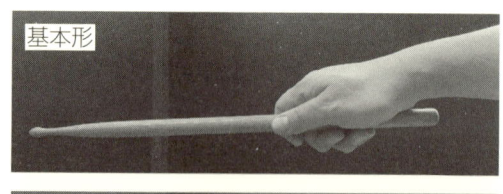

基本形

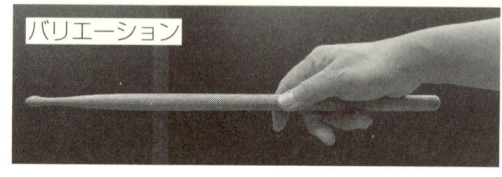

バリエーション

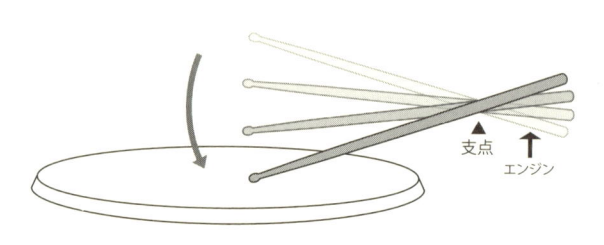

支点　エンジン

- **支点**：親指、人さし指
- **エンジン**：人さし指以下の任意の指
- エンジンは支点の後ろに設置される

　3つのグリップの中で最も支点の位置を精密に意識できます。このため、弱音の装飾音符やクローズロールを表現しやすく、スネアドラムの演奏全般に向いています。

　親指の腹と、人さし指の側面でバチを挟み支点を作ります。基本形は人さし指はしっかり曲げておくものですが、バリエーションとして人さし指を伸ばすことができます。これにより柔らかい音楽表現をすることも可能です。またエンジンは人さし指から小指までの4本が使えます。それぞれの指を単独でエンジンにしたり、任意の2本ないし3本の指をセットにしてエンジンとすることも可能です。

　クラシックグリップはバチを精密に安定して操作するためにとても合理的な「指でつまむ形」であり、日常動作に近い形だと言うことができます。このため、初心者がバチの操作に慣れるために最適なグリップだと言えるでしょう。機能をよく研究し自分に合った指の形や動かし方を見つければ、クラシックグリップはあらゆる場面で最大の効果を発揮します。（▶参考動画1、2）

パワーグリップ (Power Grip)

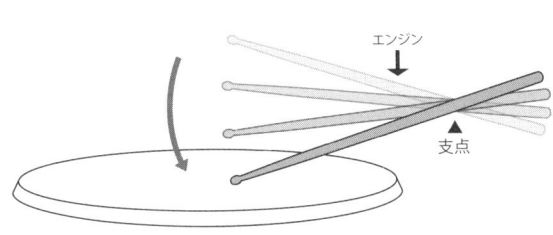

- **支点**：薬指、小指
- **エンジン**：全ての指
- エンジンは支点の前に設置される

　薬指と小指でスティックを握って手のひらに密着させて支点を作ります。これによりバチが拘束され、手首や腕との一体化や連動が強くなります。このためバチに重さをかけるストロークができ、非常にインパクトある表現が可能です。エンジンが支点より前に来るため、支点をシャフトのいちばん後ろに設置することも可能です。これによりパワーのあるストロークができます。また、手首や腕と一体化しやすいことで、バチの大きな横移動で腕を激しく動かす場面では、バチを正確に打面に移動させることが可能です。

　薬指と小指でバチを包むため支点の感覚はあいまいになります。このため弱音でのクローズロール奏法（１ストロークで３回以上発音する「バズストローク」を続けて響きを繋げるように奏する技術。主にスネアドラムで用いられる）など打面の繊細なリバウンドを利用するテクニックには向きません。シャフトがしなる素材の場合しなりを最大限利用できるため、細い籐（ラタン）シャフトのマリンバ・シロフォンマレットでの演奏に好んで用いられることがあります。

　パワーグリップはバチが手のひらに常に密着していることから「手全体で握る形」だと言えます。これは「ハンマーでクギを打つ」「フライパンを持つ」など、日常生活で棒状の物をダイナミックに操る際に最も安定した力を発揮する形です。このため、３つの中では最もパワーがあるグリップだと考えて良いでしょう。（▶参考動画３）

ハイブリッドグリップ（Hybrid Grip）

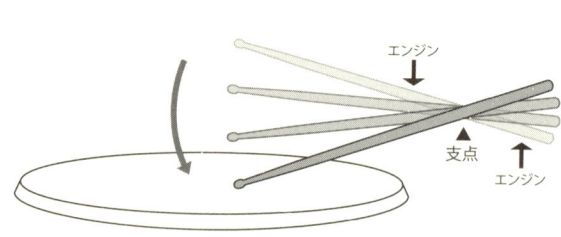

- **支点**：親指、中指
- **エンジン**：人さし指、または中指以下の指
- エンジンは支点の前または後ろに設置される

　3つの中でもっとも特殊なグリップで、2箇所のエンジンを適宜使い分けられるハイブリッドな機能を持っています。親指と中指で支点を確保し、人さし指をエンジンにしたり（エンジンが支点より前）、中指以下の指を適宜1本または2本以上組み合わせてエンジンにします（エンジンが支点より後ろ）。

　3つのグリップの中では指の接触面積を最も少なくしたままバチを動かすことができます。このため打面から倍音を引き出しやすく、非常に柔らかいアタックと豊かな響きを表現することが可能です。特に、ティンパニのロール奏法で音楽的な美しい響きを表現するときに有効となるグリップです。

　ハイブリッドグリップの親指と中指で持つ形は、日常生活にはほとんど見られない非常に特殊なものです。指の使い分けによるテクニックのバリエーションが多い反面、グリップに慣れて使いこなすためには綿密なトレーニングが必要です。（▶参考動画4）

03 触れて感じ、演奏する

どこで持ちどこでストロークする？

　「打楽器を演奏するとき、身体のどこでバチを持って、身体のどこを使ってストロークしているでしょうか？」

　吹奏楽部に所属する数百人の中学生たちの前でこのような質問をしたことがあります。すると、返ってきた答えは、「手で持っている！」「腕でストロークしている！」などでした。

　確かに、私たちは手でバチを持ち腕を使ってストロークしています。しかし、もっと細かく自分の演奏の様子を考えてみましょう。すると、指がそれらのはたらきをしていることが分かります。《「2. バチとグリップ」で見たように、指でバチを持ち、指を使ってストロークしている》ということなのです。

　「私はフィンガーストロークをしない、だから指は動かさないし、指を使っているとは言えない」という指摘がありそうです。ほんとうにそうでしょうか？　確認のため実際にバチを持って振り動かして指の様子を見てみましょう。すると、指がバチに触れていることに気がつくと思います。人間が片手で棒状のものを保持しようとするときは、必ず指がそこに触れます。逆に指を1本も触れずに棒を持ち続けることは不可能なのです。

さまざまな棒を持つ

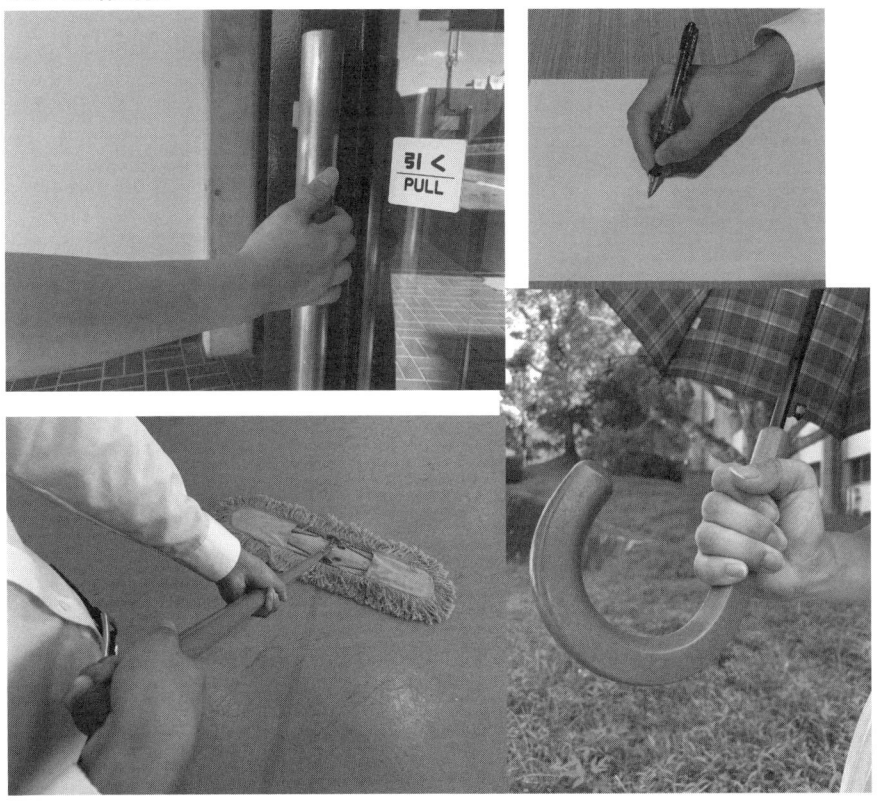

ですから、いわゆるフィンガーストロークをしない人でも、バチを持った段階で指が必ずバチに触れているわけです。そして、たとえ指を動かさず手や腕を動かしてストロークする意識であっても、指が直接バチに触れている限り「指を使ってストロークしている」ことになるのです。

　ここまで細かく論じると、へりくつのように思われるかもしれません。しかし、ここで言いたいポイントは、「バチでストロークするときは常に指が大切である」ということなのです。

　ちなみに、本書では「フィンガーストローク」という定義をしません。その理由は、本書で扱うストロークの全ては指を使うため、あえて「フィンガーストローク」を定義する必要がないからです。

▌「バチで打面を打つ」という特殊性

　私たちは日常的に「指で物に触れる」という行動をとります。

　たとえば、デパートの食器売り場で木のボウルとプラスチックのボウルを比較するとき、それぞれを手に取って指でじっくり触り、形や重さ、素材の様子を感じ取って「プラスチックより木のぬくもりの方が良いな」というふうに思ったりします。このように私たちは、指で対象物に触れることで、性質や特徴といった情報を感じ取って理解するわけです。これは指にある触覚という感覚器官（センサー）が精密に働くことで実現できていることなのです。

　指で触れるという行為は、人間が物体を認知するためにいちばん確実な方法だとされています。すなわち、「目で見る」や「耳で聴く」などよりも、「指で触れる」ことで対象物をより知って理解することができるというわけです。

　では「指で触れて、感じ取る」という、あえて音楽に関係のなさそうなテーマで打楽器演奏を考えてみましょう。すると、いつも何気なくやっている「バチで打面を打つ」という行為が、触覚を駆使したとても特殊な作業であることが見えてきます。

　まず、バチで打面を打つとき何がどこに触れているのか整理してみます。

・指は常にバチに触れている
・バチは打面に一瞬だけ触れる

　ということになります。

何がどこに触れているのか

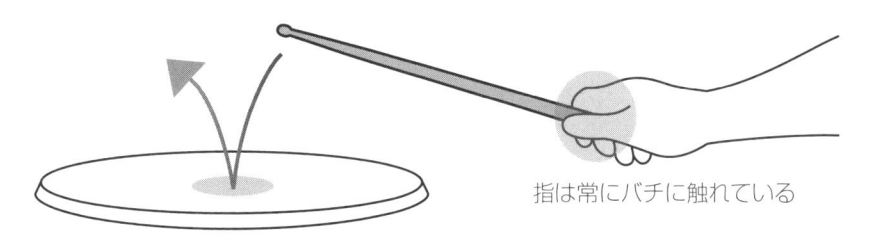

バチは打面に一瞬だけ触れる

指は常にバチに触れている

　次に、実際にバチで打面を打ってみます。スネアスティックと練習パッドを用意します。スティックをクラシックグリップで持ち、一回ストロークをして、前述の二つのことがらを確認してみます。指は常にスティックに触れていますが、スティックがパッドの打面に触れるのはほんの一瞬だけです。そして、その一瞬のとき指にはっきりと衝撃を感じます。本書ではこの衝撃を「打感（だかん）」と呼ぶことにします。

　今度は、ごく弱いストロークで試してみましょう。写真のようにスネアドラムスティックをとても短く持って、練習パッドをごく小さく叩いてみます。

スネアスティックでごく小さく叩く

　音はほとんど聞こえませんが、打感を捉えることができます。目を閉じて指の感覚に集中しましょう。すると、打感だけを頼りにして、規則的なリズムを打つことができます。上で確認したように、指は常にスティックに触れていますが、スティックが打面に触れるのはほんの一瞬です。そしてスティックはごく弱く打面に当たっているだけです。それでも、打感を感じることができるのです。まるで、スティックの先が打面に当たる様子を、指でリアルに感じ取っているような気分になります。しかし、指は打面にはいっさい触れていないのです。

　ではこのとき、もし指の触覚が何も感じなければ、どうなるのでしょうか……？　これを私たちが実際に体験することは不可能です。なぜならば、人間の触覚は生命維持に関わるきわめて重要なものなので、自分の意思でコントロールすることはできないからです。たとえば、視覚をコントロールするために目を閉じて「見ないようにする」ことはできますが、触覚のセンサーを閉じて「感じないようにする」ことはできないのです。

　これらのことから、「バチを持ってストロークするとき、奏者は常に指の触覚を使って衝撃を感じ取っている～打感を捉えている」という明確な結論が見いだされます。しかも、小さく打って音がほとんど聞こえなくても、打感だけを頼りにストロークを続けることができました。これは、「聴覚によらない、触覚による演奏である」と言うことができます。

　オーケストラや吹奏楽で合奏している最中や、バンドで仲間と大音量で練習しているときに、周りの音が大きすぎて自分の音がよく聞こえず、演奏しづらいことがあると思います。でも、その曲をひとりだけで練習したら自分の音はとてもよく聞こえるので演奏しやすいでしょう。このように、自分が出した音を自分で聞く場合、その聞こえ方は周りの音環境によってずいぶん変わってしまうのです。しかし自分の打感は、このような環境によって変わることはありえません。これが意味するのは、バチを持って打楽器を演奏するときは、聴覚より触覚からの情報の方がはるかに正確で安定しているということなのです。

　指でバチを持ちストロークするとき、指が直接打面に触れることはありません。しかし指は、バチを通して打感を捉えます。これが意味するのは「私たちはバチを介して打面と間接的にコンタクト（接触）している」ということなのです。

バチを持って打面を打つことで、バチを介して打面と間接的にコンタクトする

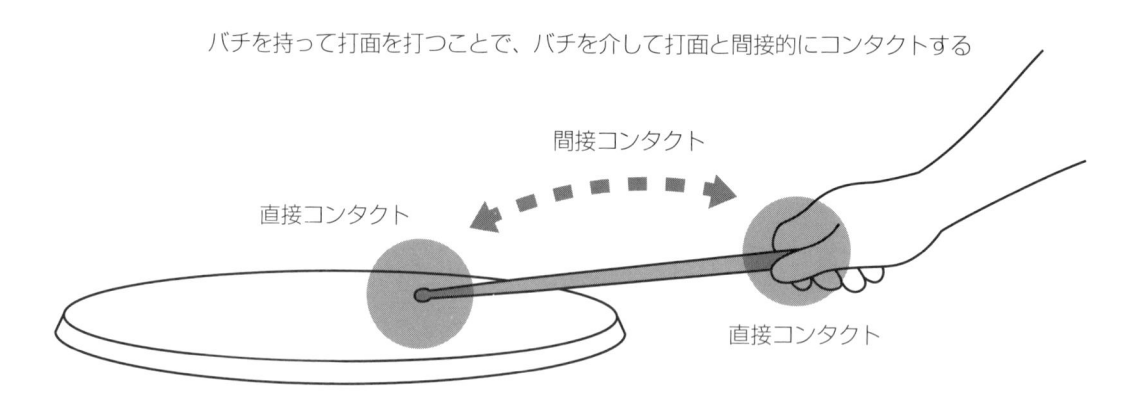

間接コンタクト

直接コンタクト

直接コンタクト

　そして、「指はバチに触れてバチを動かし、バチは打面に触れて音が出る、そして指は打感を捉えそれを感じとり、再びバチを動かす」という、ストロークの一連の流れが見えてきます。これが、本書で最初に述べた「全てのストロークは指から始まり指に戻る」という考え方による流れなのです。

　バチを使って打楽器を演奏することは、このようにとても特殊で不思議な世界で、まだ分からないことがたくさんあります。しかし、それらは今後の最先端の科学研究に委ね、私たち打楽器奏者は、感性を磨き表現を高めることに精進しましょう。

04 音色変化は指から始まる

全ての音楽演奏にとって、音色を変化させること（＝音色のコントロール）は非常に大切です。もちろん打楽器演奏においても、一打をどのような音色で表現すべきか常に考えコントロールすることが重要です。

これを考えて行く上で、まず、楽器からひとつの音が作られる様子「発音の仕組み」に立ち戻り、基本的なことがらを確認していきましょう。

発音すること

発音の仕組みについて、管楽器の場合を見てみます。

トランペットを例に挙げると、

1，唇を楽器（マウスピース）に触れさせる

2，息を入れて唇を震動させ、発音の瞬間「アタック」をつくる

3，息を持続させて音を伸ばす（響かせる）

4，息を止めて（または唇を楽器から離して）音を止める

という流れになります。

同じ管楽器でもフルートの場合は、2で「唇を振動させ」は行わずシンプルに息を入れることでアタックが作られます。またクラリネットなどのリード楽器ならば2の「唇」が「リード」に変わります。このように楽器の種類によって異なる部分がありますが、1は全ての管楽器で共通することから、唇が楽器から音を出すための道具、すなわち「発音のツール」であると考えることができます。

管楽器の発音イメージ

次に、バチで演奏する打楽器の発音の仕組みを見てみましょう。

1，バチが打面（楽器）に触れて発音の瞬間「アタック」を作る
2，バチは反動で楽器からすぐ離れて「響き」が自然に減衰していく

という流れになります。打楽器ではバチが「発音のツール」ということになります。

このように管楽器も打楽器も、音は「アタック」と「響き」の2つの要素から成り立っています。これは他の楽器の場合もほとんど同様であると考えて良いでしょう。

ここで注目すべきは、管楽器では発音するために4つの過程があったのに対して、打楽器はたった2つの過程、発音のツールが楽器に触れることでアタックと響きが一挙に作られてしまうということです。そして、打楽器はアタックを作ったあと音を意図的に伸ばし続けることは基本的にできません（後述※）。

また、管楽器は、

・**アタックのとき**：唇（ツール）は楽器に触れている
・**音が伸びる（響く）とき**：唇（ツール）は楽器に触れている

であるのに対して、打楽器は、

・**アタックのとき**：バチ（ツール）は楽器に触れている
・**音が伸びる（響く）とき**：バチ（ツール）は楽器に触れていない

ということになります。管楽器は音が出ている間は常にツールが触れているのに対し、打楽器の場合、ツールが楽器に触れるのはアタックの瞬間だけです。これが、管楽器と打楽器の発音の仕組みの決定的な違いです。

トランペットと打楽器の発音の違い

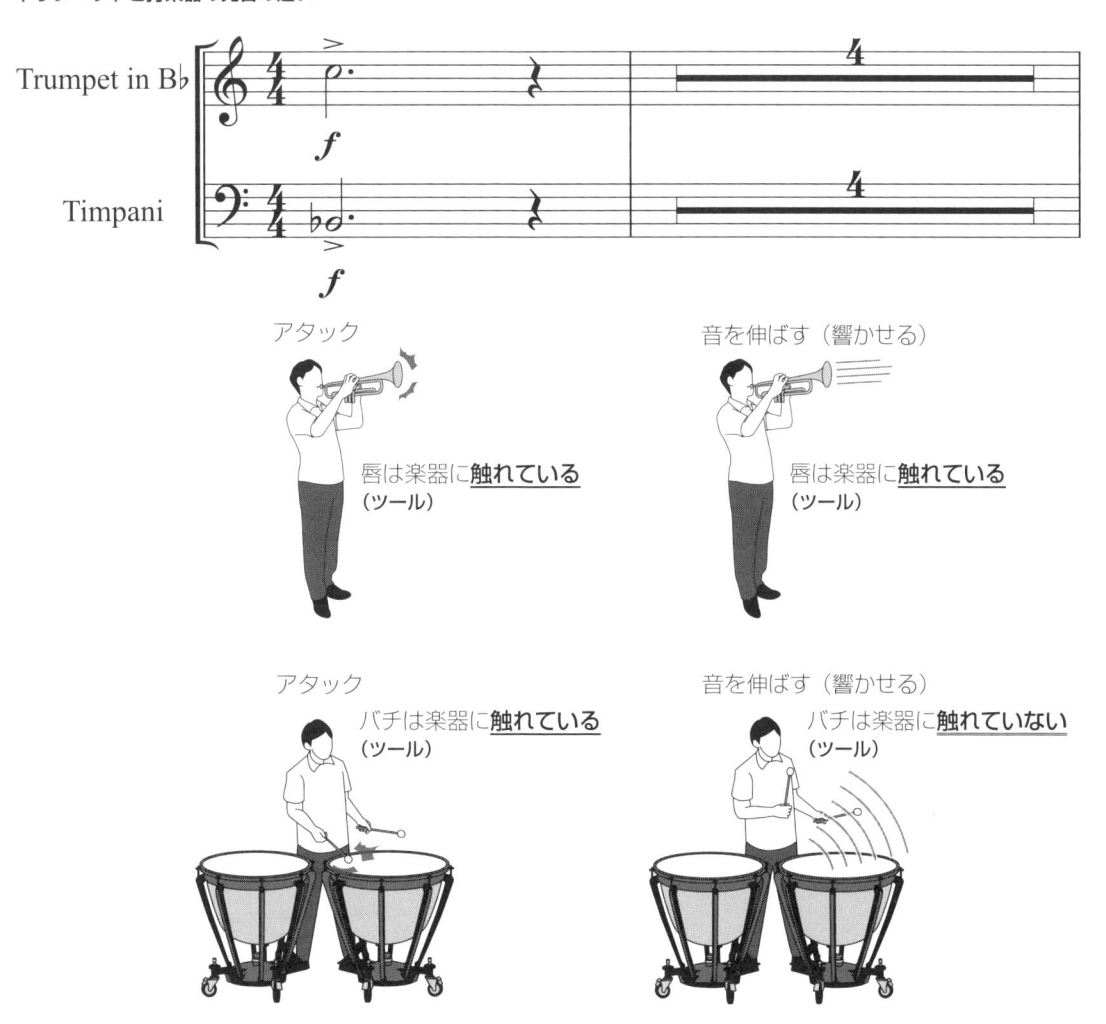

※現代音楽では、ヴィブラフォンを弓で擦る、タムタムをスーパーボールで擦るなど、弦楽器の発音の様子と似たような奏法をする場合があります。またデッドストローク（叩くと同時にバチの先端を打面に強く押しつける特殊奏法。現代音楽で用いられることが多い）は発音してから音が無くなるまでバチが打面に触れ続けています。しかしこれらはバチを用いた打楽

器の基本的な奏法ではないため、本書では取り上げません。またスネアドラムのクローズロールではスティックが一定時間打面に触れ続けることで音が伸びて響いている、と思われますが、実際はロールの間は非常に細かい打撃が何度も繰り返されています。これによってアタックと響きが繋がって聞こえ、ロールという一定の持続した音色として成立していると言うことができます。

音色コントロール

　次に、楽器の音色をコントロールする仕組みを見てみましょう。

　管楽器の場合、タンギングによってアタックが作られます。強いタンギングなら強いアタック、弱いタンギング（またはタンギングをしない場合もある）ならば弱いアタックというように、タンギングによってアタックの質が変わるわけです。そのあと息を持続させて音を伸ばす（響きを作る）のですが、このとき息のスピードや量などを変化させて響きをコントロールします。このように、アタックと響きの2つの質をコントロールすることで、「音色」という全体をコントロールしている、と考えることができます。

　では打楽器奏者は、どのようにして音色をコントロールできるのでしょうか。発音方法のところで見たように、打楽器のバチが打面に触れることでアタックが生まれますが、その後楽器が響くとき、バチは既に打面から離れています。ですから、打楽器奏者が音色をコントロールするチャンスがあるとしたら、それはバチが打面に触れている間だけではないか？ということが想像できます。すなわち「打面への触れ方」をコントロールすることが音色コントロールの重要なカギではないか、と考えられるのです。ここで、「打面に触れる」こと自体が「アタック」であるとしてみます。すると、打面への触れ方をコントロールすることはアタックの質をコントロールすることになります。

バチをどう触れさせる？

　さて、打楽器のアタックの瞬間（発音する瞬間）とはどのようなものなのでしょうか？

　一般的な状態に打面が調整されたスネアドラムをスネアスティックでストロークするとき、バチの先端が打面に触れて発音し打面から離れるまでの時間（バチと打面の接触時間）は、およそ0.003秒〜0.008秒（1000分の3〜8秒）程度であることが分かっています。人間のまばたきがおよそ0.3秒であることを考えれば、これがどれほど短い時間であるか分かると思います。

　打楽器の指導現場で「叩いた後バチを上に動かす速度を変えて音色を変える」という教えをよく耳にします。具体的には、「バチが素早く打面から離れるように素早く手を上に返すとスタカートになる」というようなものです。この技術が実際に効果があるのかどうか考える前に、私たち人間に、手を動かすスピードを変化させて1000分の1秒単位の時間をコントロールするようなことができるのでしょうか……？　これは、深く考えなくても不可能であることは明らかです。

　私たちの身体は、アタックの瞬間に動きを合わせるような俊敏な運動神経を持ち合わせてい

ないどころか、その瞬間を目で見て確認することすらできないのです。打楽器のアタックとはそれほど時間の短い世界だということです。「叩いてから手を素早く上に返す」という技術は、音色を変化させるためには残念ながらほとんど意味がないことがわかると思います。

では、バチを使って演奏しながら音色をコントロールする場合、実際にどうすれば良いのでしょうか？ 1000分の数秒のアタックの瞬間に私たちには何もできない、となれば、バチを使う打楽器で音色変化を起こすのはもはや不可能かのように思われます。

そこで、そもそもアタックの瞬間に合わせて何かをやることが必要なのだろうか？ という疑問を持ってみます。すると、「アタックの前にあらかじめ何か準備しておくことでアタックがコントロールできれば、そのあとに付いてくる響きもコントロールされるはずだ、そうなれば結局、これは音色全体のコントロールができることを意味するのではないか？」という、なんだかへりくつのようですがなかなか面白い考えが浮かんできます。

アタックを変える条件

「アタックの前にあらかじめ何か準備する」すなわち「バチが打面に当たる前に何かをする」という考え方を、さっそく実践してみます。

まず、バチを拘束する力を変化させるとシャフトの振動の様子が変化する、ということを体験します。

ティンパニマレットを用意し、自分の太ももや手のひらを打面に見立てます。または、あまり音が出ない柔らかい練習パッドを打面にしても良いでしょう。そして、以下の1と2の方法でストロークし、マレットのシャフトの振動を比較します。（▶参考動画5）

1，パワーグリップでマレットを強く握った状態で指を固定し、そのままストロークする。

2，ハイブリッドグリップで、親指と中指だけでマレットを軽く挟んで支点を作り、中指を優しく閉じるように動かして（エンジンにして）ストロークする。

竹バチの振動を変える

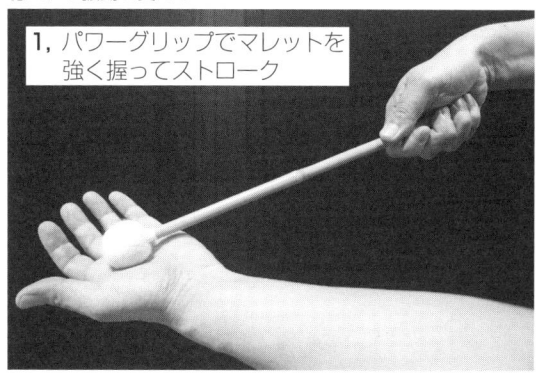
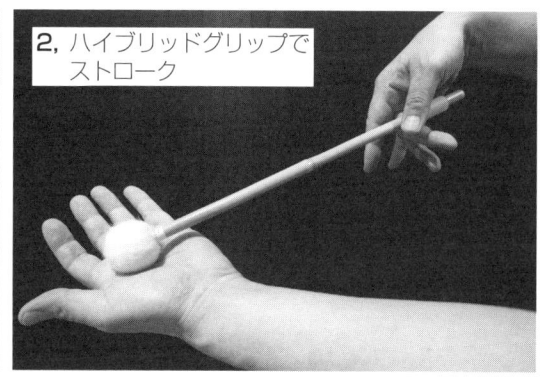

1, パワーグリップでマレットを強く握ってストローク

2, ハイブリッドグリップでストローク

1と2でそれぞれ、マレットが打面に当たったときシャフトが発するかすかな音を比較します。

1は「ペタ」というような音がするだけだと思います。マレットを指で強く拘束しているので、当然ながらシャフトの振動は極端に抑えられ、「ペタ」という短い音になるわけです。

　2はマレットをほとんど拘束せず、シャフトは自由に振動できる状態です。「ペタ」音に加え「トゥン」というような短いピッチ感があるサウンドが聞こえていれば、それはシャフトがよく振動していることを示しています。

　指の形や動かし方を変えてマレットの拘束力を変化させると、シャフトの振動の様子が変化して打面に当たり、音色も異なる、ということが分かりました。そして、1より2のほうがシャフトがより振動する状態で打面に当たることも確認できました。

　では、このようにバチを持つ指の形や動かし方が異なる条件で、実際の楽器をストロークします。そして打感と音色を比較します。

　まず、ティンパニ（26インチ：D音）を用意し、ティンパニマレットを使い前述の1と2の二つの方法でストロークを行います。2種類の方法とも打面の同じ場所を打ち、それぞれ同じ音量になるよう調整します。

　1は、打感は強烈で硬く鋭い衝突感覚があります。アタックは強く硬く、響きは抑制されて暗くなります。音の減衰が速いと感じたり、ピッチが明確で安定した響きとして聞こえるようになります。

　これは、バチを指で強く拘束しているのでバチと身体が一体化しやすく、バチに手首や腕の重さが大きく加わる、またシャフトの振動が極端に抑えられた条件で打面に当たる、このためバチが打面をしっかり押しつける、というような状況によって打面の振動が抑制されていると考えられます。このためアタックが強調されて聞こえ、その後の響き（倍音）が抑制されて聞こえると考えられます。

　2は、1と比べると打感は穏やかで柔らかく鈍い感触です。アタックは弱く柔らかく、響きは解放されて明るくなります。このため1より音は広がってよく伸びるように聞こえたり、ピッチがあいまいになったり、響きが不安定にうねって聞こえるようになります。

　これは、バチへの拘束が弱く自由に回転運動できるのでバチと身体は一体化しづらく、1と比べるとバチに手首や腕の重さは加わらない、すなわち軽い状態で打面に当たる、またバチがよく振動する条件で打面に当たる、そのためバチがそれほどしっかり打面を押しつけない、というような状況によって打面の振動が活発になると考えられます。このためアタックはそれほど強調されずに聞こえ、その後の響き（倍音）が豊かに聞こえるのだと考えられます。

異なるグリップでティンパニを叩く

1, パワーグリップでマレットを
強く握ってストローク

2, ハイブリッドグリップで
ストローク

　次に、シンバル（ライド系など厚みのあるもの）を用意して、スネアスティックを使い、前述のように2種類の方法でストロークします。すると、

1, アタックは強く硬く、抑制された暗い響きで、真っすぐ減衰していく、打感は強く硬い
2, アタックは弱く柔らかく、広がるような明るい響きで、うねりが聞こえやすい、打感は弱く
　　柔らかい

　というような違いが出るでしょう。

異なるグリップでシンバルを叩く

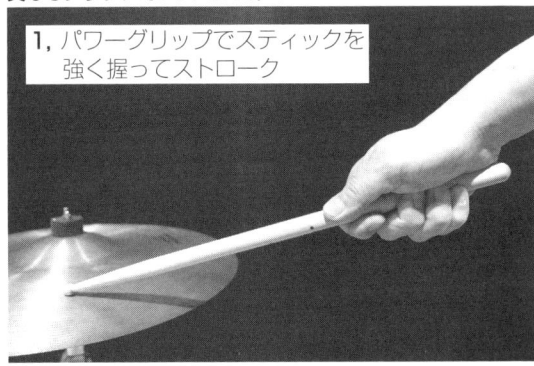

1, パワーグリップでスティックを
強く握ってストローク

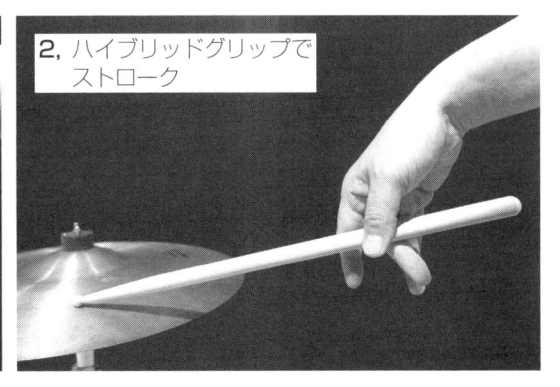

2, ハイブリッドグリップで
ストローク

　この実践の結果をまとめると、ティンパニもシンバルも、

1, バチの拘束を強くすると、バチは振動せず、アタックが強く、響きは抑制され、打感は
　　強くなる
2, バチの拘束を弱くすると、バチはよく振動し、アタックは弱く、響きは豊かになり、打
　　感は弱くなる

　ということになります。これらを表にまとめました。

バチの拘束による影響

バチの拘束	バチの振動	アタック	響き	打感
強い	少ない	強い	抑制	強い
弱い	多い	弱い	豊か	弱い

　これらの要素には一定の関係があることが分かります。またこの関係は、バチや楽器が異なっても同じ傾向であることも、実践を通じて分かります。

　これで、バチを持つ指の形や動きを変化させるという「アタックの前の準備」をしてストロークすると、アタックと響き（すなわち音色）をコントロールできる、という流れがお分かりいただけたと思います。もちろん、アタックの瞬間に特別な何かをする必要はないということもご理解いただけたと思います。

　本書では、打楽器演奏家の立場から、「バチを持つ指の形や動きを変化させてストロークする」ことを音色変化のテクニックとして主に考えたいと思います。また重要なポイントとして、「バチが打面に当たる前の奏者の意識（指の形や動かし方を意識すること）により音色は変わる、バチが打面に当たり離れた後は、奏者のいかなる意識や技術によっても音色は変えられない」ということを強く明確に主張したいと思います。

　ここまでで、「音色変化は指から始まる」ということがお分かりいただけたと思います。

　今後、バチの拘束を強くして重さをかけて振動を抑えることを「バチに圧をかける、バチの圧を強める」と表現します。また、バチを拘束せず重さをかけないでよく振動させることを「バチに圧をかけない、バチの圧を弱める」と表現します。

　先ほどの実践の1（パワーグリップ）はバチに圧をかけた、2（ハイブリッドグリップ）はバチに圧をかけていない、ということになります。このようにバチの圧を変化させることを「バチ圧のコントロール」または単に「圧コントロール」と表現します。

コラム：「音色の幅」とはなにか

　先の実践では、同じティンパニを叩いたとき、1ではピッチ感がクリアーだったのに対し2ではそれがあいまいになりました。この理由は既に述べましたが、その他に、ティンパニの構造上の特徴も理由として考えられます。

　音響学の世界では、ティンパニを含む太鼓類の打面振動からは明確なピッチが得られないことが分かっています。しかしティンパニはケトル（釜）を胴体に持ち、ケトル内外の空気振動が打面振動に影響することでピッチ感を実現している、というふうに考えられています。つまり、ティンパニはケトルの構造によってピッチ感をもたらすが、太鼓類である以上、不安定な響きも持っている、ということなのです。このため、上の1でマレットの圧を強めると不安定な響きが抑制されピッチ感がクリアーであるのに対して、2で圧を弱めると不安定な響きが強調されピッチ感があいまいになるのだと考えることができます。

　では、常に正しいピッチを必要とする西洋音楽において、このようにピッチ表現があいまいになるティンパニはそもそもなぜ必要なのでしょうか？

　ピッチ感が明確な音色は滑舌あるリズム表現には最適ですが、倍音が少ないためロール（トレモロ）で求められる豊かな響きだとは言えません。反対にピッチ感があいまいな音色は倍音が複雑でぼやけるためリズム表現には向かないが、豊かな響きを求めるロールには最適だということになります。このようにどちらも音楽には必要なのです。ティンパニが不安定な響きも持っていることは実は非常に重要で、ティンパニがオーケストラで圧倒的な表現力を持つ理由はこの**不安定さ**と**音色の幅の広さ**にこそある、と言うことができます（決して、音が大きいから表現力があるわけではありません！）。もしティンパニが改良され、奏法に関係なく常に精密なピッチが出る楽器になれば、その表現力も魅力も半減することを意味するわけです。

　ティンパニの音色の幅を知るために別な実践をします。打面の中心を叩くと、ピッチ感のない太鼓的な音が出ます。叩く場所を中心から少しずつ端に移動すると、次第にティンパニらしいピッチ感を伴う音が聞こえてきます。さらに叩く場所を打面の端に移動すると、ピッチ感は次第に消え金属的な音に変化します。これで、音色がグラデーション変化することが分かります。ティンパニ以外の太鼓類ではピッチ感こそありませんが、同様に叩く場所を変えると音色がグラデーション変化することが分かります。これらが示すことは、「打楽器には"楽音"と"雑音"（ノイズ）の線引きはなく、線引きの考え自体がナンセンスである」ということであり、本書の最初で述べた「打楽器は西洋音楽の概念では捉えきれないダイナミックな音色世界を持つ」ということなのです。

　音色の幅を知ることは、打楽器奏者として大きな表現力を持つことに繋がります。またそれは、大作曲家たちがそのスコアに数々の打楽器を登場させた目的を知るため、すなわち名曲の

オーケストレーションおける「打楽器の音色が持つ本質的な意味」を理解するための、きわめて重要な基本知識となるものです。

打楽器の「音色の幅」の考え方

打楽器には「楽音」と「雑音」（ノイズ）の線引きや区別はない

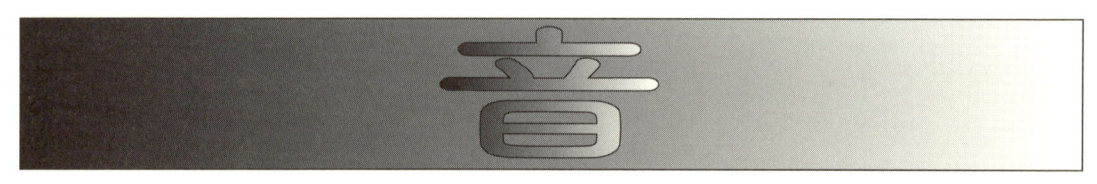

このような概念では、打楽器の音色を理解することはできない

第二部

ストロークシステムを考える

　ここからはいよいよ、本書が考える「ストロークシステム」ついて展開していきます。本書では、打楽器の演奏中で使われるさまざまなストロークテクニックをより分かりやすく示すために、身体の機能や仕組みをシンプル化することにしました。これにより、さまざまなことがらについてより具体的な説明ができるようになりました。これは、打楽器奏者の立場から見た機能や仕組みであり、解剖学や身体運動学、また物理学の世界のそれとは異なる場合があります。また、指や手は機械のように理路整然と機能するわけではなく、あいまいな部分が非常に多いです。しかし、あえて機能や仕組みをシンプルに整理して考えることは、演奏家が自分自身の身体に関心を持つ良いきっかけとなり、それがやがては自分の演奏テクニックを精密にコントロールすることに繋がっていくのだと考えます。

　以降では、「支点とエンジンの両立」「テノデーシス・アクションの機能」「打感とリバウンドの正体」「指の形や指の動かし方」「手首の回転とストローク」というテーマについて考えていきます。また、日常的な指の動きからストロークの動作を「生成」する過程を経て、最終的に10のストロークを生成します。そして第二部の最後に「ストロークシステム」を完成させます。

　バチを操作するとき、支点とエンジンはどちらも重要な機能です。ところが、手と指の仕組みを詳しく調べると、支点をしっかり確保しようとするとエンジンの機能が十分発揮されないことが分かってきます。

　本書では、この問題を解決して快適なストロークを実現するために、支点を担う指の力バランスを変えるという発想をもとにストロークを考えていきます。

▌母指球を意識する

　まず、バチに支点とエンジンを設置し機能させるときにどのような問題が起きるのか考えてみましょう。ここではクラシックグリップを取り上げて、支点とエンジンを担う指の役割について詳しく調べてみます。

　スネアスティックをクラシックグリップの基本形で持ちます。

　スティックを操作する指の機能を確認します。

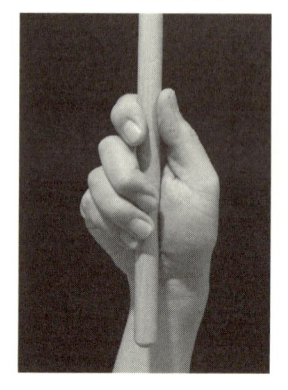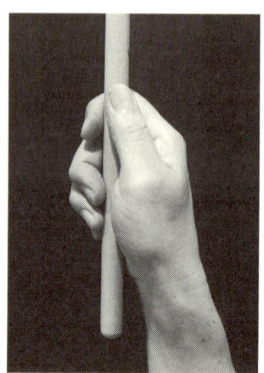

１，支点

　　→親指と人さし指で両側からスティックを挟み、支点を確保している

２，エンジン

　　→人さし指～小指でスティックを押して、動かしている

　支点を確保するためには、スティックがずれないように親指と人さし指で両側から挟むことが必要です。スティックを自由に動かすためには、エンジンの指が自由に動く状態であることが必要です。

　ここで、以下のような試みを行います。

●バチを持たない状態で、右手で以下のAとBの二つの状態を作り、左手で母指球（親指付け根の膨らんでいる部分）を触って、その固さを比較します。

A：親指をごく軽く内側に曲げる

B：親指を反らしたまま、手の平側にしっかり倒すようにする

ＡよりＢの形の方が母指球は固くなります。

●次に、ＡとＢそれぞれの形を保ったままテーブルなどを指先でトントンと叩き、指と手の動きやすさを比較します。

Ａの方が指や手が楽に動きやすいことに気がつくと思います。

●今度は、普段演奏するときの状態でスティックを持ち、親指の形と母指球の固さが先ほどのＡＢどちらに近いか調べてみます。Ａの状態に近ければエンジンの指は動きやすく、Ｂの状態に近ければエンジンの指は動きづらくなります。大音量のスピードストロークが苦手だという人は、ほとんどの場合Ｂの状態になっているようです。ただし、親指の形は人によってさまざまですから見た目の形だけで判断するのではなく、必ず母指球の固さを確認するようにします。

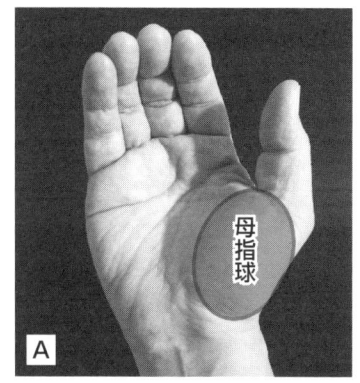

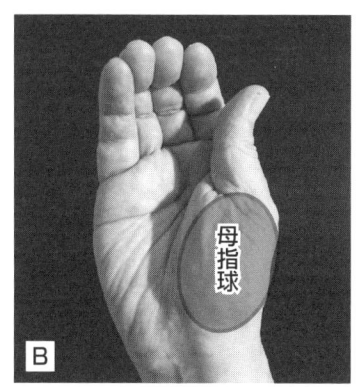

支点とエンジンの機能は両立できない？

支点を作るとき、特に意識しなければ、「人さし指と親指は同じような力加減で両側からスティックを挟む」という感覚になります。このときＢの状態になる場合が多く、母指球に力が入りやすくなります。この状態では手や指は動きづらく、スティックを自由に動かすことは難しくなります。またスティックを強く挟んでしまうと常に圧が強く一定になるため、音色を変化させることが難しくなります。

ならば、「バチを持つときは、とにかく極力脱力しておけば良いのではないか？」という考えが浮かびます。しかしそれでは、支点自体が非常に不安定になります。これでもストロークはできますが、高速連打や繊細な弱音演奏など高度なテクニックは困難で、現実的ではありません。

「スティックの支点確保」と「スティックを自由に動かす」という要素を両立させようとすると、親指に力を入れることと抜くこととを同時に実現させるという矛盾が生じてしまいます。

支点の力バランスを考える

そこで、親指と人さし指の役割と力バランスを変える発想をしてみます。「親指と人さし指は共にスティックを挟む役割である、二つの指は同じように力を入れる」という意識から、「人さし指が主にスティックをホールドして、親指は横から軽く添えるだけである」という意識に変えていきます。

そのために以下のトレーニングをやってみましょう。スネアスティックと練習台を用意します。

ア、 人さし指だけでスティックを包むようにしてホールドします。親指はまだスティックから離しておきます。

イ、 人さし指だけのホールド感覚をつかめたら、親指を横からごく軽くスティックに触れさせます。このとき親指はできるだけ脱力しておきます。

ウ、 人さし指〜小指まで4本の指をエンジンにしてスティックを動かし、トントンと叩きます。（▶参考動画6）

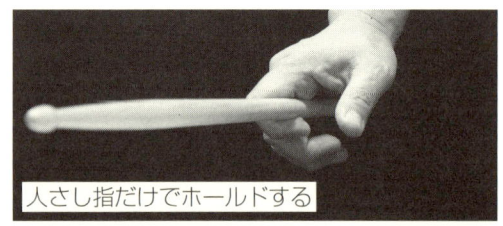
人さし指だけでホールドする

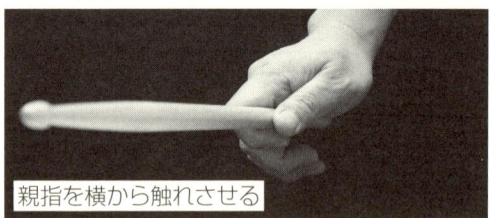
親指を横から触れさせる

　アとウで、親指の力加減が同じになっているか、母指球を直接触って確認します。慣れないうちは、人さし指で包む力を強め、1本の指だけでホールドと支点確保を確実に行えるようにしてください。親指は逆に力を最大限緩める意識を持ちます。こうすることで、次第に親指と人さし指がそれぞれ独立する感覚を得ることができます。この独立した感覚により、母指球をリラックスさせ指を自由に動かせるようになります。また必要に応じて、支点を担う指の力バランスを変化させることもできるようになります。

支点の力バランスを変える

・両方の指が同じ力で支点を作る意識

親指	人さし指

母指球に力が入りやすく、エンジンの指が動きづらくなる → バチが思うように動かない！

・人差し指が主にバチをホールドする意識
・親指は横から軽く添える意識

親指	人さし指

母指球に力が入りづらくなり、エンジンの指が動きやすくなる → バチが動きやすい！

　支点とエンジンの機能を両立させることは、本書で扱う全てのテクニックにとってきわめて重要なテーマです。前述のようなトレーニングを行うことで、「バチを持つときは常に親指の力を抜く、エンジンの指はしっかり力をかけてバチを動かす」という意識が定着していきます。これにより、高速連打をしながら自在なバチの圧コントロールを実現させることが可能になります。圧コントロールが自在になれば多彩な音色を生み出すことが可能になり、表現力を大きく高めることに結びついていきます。

06 テノデーシスとベーシックストローク

　私たちが、バチを持って打楽器を演奏するときは、膨大な数のストロークを繰り返しています。演奏に際しては、その一回一回のストロークの動きについて常に細かくチェックすることが大切です。これはたとえば、マラソン選手が一歩一歩の"足の運び方"について詳細に分析してランニングフォームを整え、良い結果を出すこととよく似ています。

　本書では、バチを操作する指とストロークテクニックの関係には一定の法則性があるという仮説を立て、検討してきました。その結果、指の曲げ方や動かし方によって手の動きが制御されることが分かりました。そして、なぜ動きが制御されるのか考察した結果、そこには、「**テノデーシス・アクション（腱固定効果、Tenodesis action または Tenodesis grasp と表記されることもある）**」と呼ばれる身体の機能が関わっていることを見つけました。また、バチで打楽器を打つときに指に感じる打感や、打ったあとでバチが戻る動き（リバウンド）は、テノデーシス・アクションと非常に強い関係があることも分かってきました。さらに、打楽器音楽の表現にとってもっとも重要な音色も、テノデーシス・アクションと強い関係性があることが分かってきました。

　本書では今後、テノデーシス・アクションを「**テノデーシス（Tenodesis）**」と呼ぶことにします。

テノデーシスの基本

　さて、テノデーシスが何であるかを文章で細かく説明するよりも、まずは実際に体験したほうが分かりやすいでしょう。準備は何も必要ありません。普段何気なくやっている簡単な動きをするだけで、テノデーシスを体験することができます。

　本書では、テノデーシスには２種類の動きがあると考えます。

ア：手先行動作「手の動きに指が連動する」

1，テーブルなど安定した台の上にヒジを置きます。前腕を真上に垂直に伸ばします。手首関節のあたりやその先の手の部分をよく脱力して、手首の角度がおよそ９０度になるように前に曲げます。指は脱力してだらりと自然に垂れるような形にしておきます。これが「掌屈（しょうくつ）」の状態です。

2，指の力を抜いたまま、手をゆっくり上に返して「背屈（はいくつ）」していきます。するとこれに連動して、指が次第に閉じるように折れ曲がってきます。手が返せなくなる限界までさらに後ろに倒すように背屈します。すると、これに連動して指がさらに閉じていくことが分かります。指に決して力を入れず、リラックスして行うことで、よりはっきり効果が見られます。

3, 指の力を抜いたまま、手を1の位置にゆっくり戻すように「掌屈」していきます。すると
これに連動して指が開き伸びるようになり、最後は1の形になります。

テノデーシスの基本動作

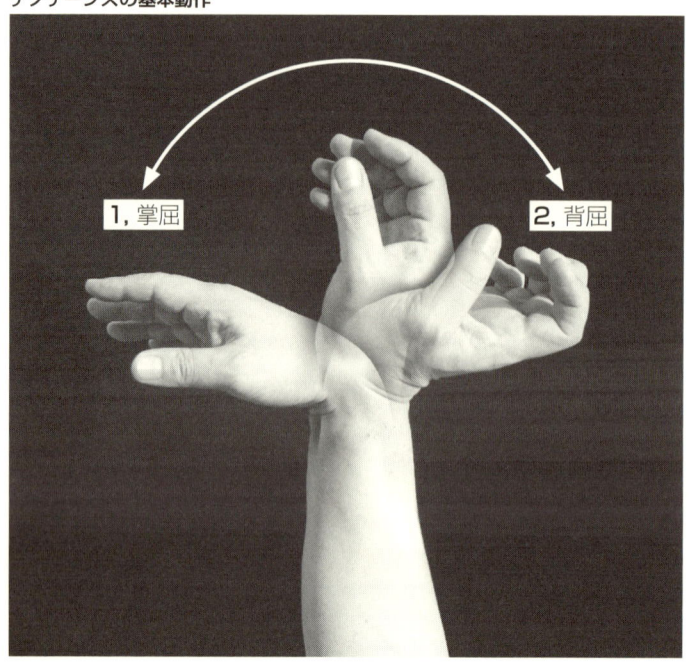

　これらの指の動きは、手の動きによって指の腱が引っ張られたり緩んだりして自動的に起こ
るもので、自分の意思で指を動かしているわけではありません。手首の関節を動かすと、それ
に連動して指の形が変化する、というわけです。
　このように、私たちは生まれつき「背屈するとき指を曲げた方が楽である」また「掌屈する
とき指を伸ばした方が楽である」というテノデーシスの仕組みを身体に持っています。従って
この逆の動作（背屈するとき指を伸ばす、掌屈するとき指を曲げる）をすることは困難です。
　テノデーシスは介護やリハビリの世界でよく知られている機能です。2で手首が背屈し
た形は、脳梗塞などで指の機能が低下した患者のリハビリでも使われます。トレーニングを積
むと、握力を使わず、背屈を利用して軽いものをつかむことができるそうです。これは、私た
ちがもっとも楽に物をつかむことができる手と指の形で、日常生活でも無意識に行っている動
作なのです。

　一般的にはこのように、手の動きに指が連動することをテノデーシスと定義しますが、本書
では以下のイ:指先行動作（指の動きに手が連動すること）もテノデーシスであると定義します。

イ：指先行動作「指の動きに手が連動する」

指先行動作概要

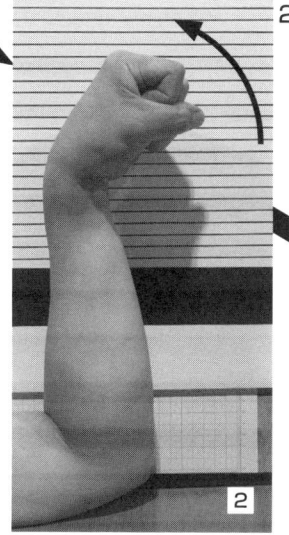

およそ90度

①

1, テーブルなど安定した台の上にヒジを置く。
前腕を真上に垂直に伸ばす。
手首から先はよく脱力ししておいて、指はだらりと垂れるよう
な形にしておく。このとき手首の角度はおよそ90度になる。

2, 全ての指を曲げて閉じて握りこみ、
「グー」の形をつくる。
手は自動的に持ち上がる。（背屈）

②

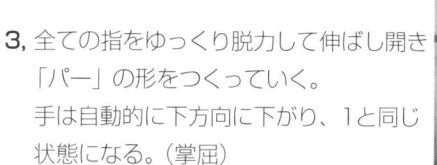

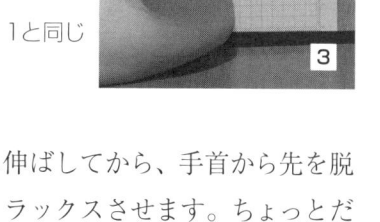

③

3, 全ての指をゆっくり脱力して伸ばし開き
「パー」の形をつくっていく。
手は自動的に下方向に下がり、1と同じ
状態になる。（掌屈）

1, **ア：手首先行動作**のときと同じように前腕を真上に垂直に伸ばしてから、手首から先を脱
力して掌屈の状態を作り、指先は垂れ下がるようにしてリラックスさせます。ちょっとだ
らしない「パー」のような状態です。

2, 全ての指を、ゆっくり曲げながら閉じます。すると、手の甲が強く引っ張られる感覚が起
こります。この感覚に逆らわずさらに指をゆっくりと曲げ込み、「グー」の形を作ると、
手が自動的に上に持ち上がってきます。[※1] これが背屈です。

3, 2の状態から、今度は全ての指をゆっくり脱力して伸ばしながら開いていきます。すると
それに連動して背屈が弱まり、手は下方向に下がる動きをして、1と同じ「パー」の状態
に戻ります。これが掌屈です。

今度は、この指先行動作を、一定のテンポでメリハリを付けて行ってみましょう。この
とき、指に無理な力は入れずに、軽く素早く開いたり閉じたりします。すると、連動す

る手の上下動がより明確に見て取れます。本書ではこれを「**パーグーリズム（Pah Goo Rhythm）**」と呼ぶことにします[2]。これは普段、私たちが何気なく指を開いたり閉じたりする動作と同じ動きです。（▶参考動画7）

※1：2で手が持ち上がりづらいときは、指の第1関節と第2関節を意識してしっかり曲げるようにすると効果があります。

※2：**イ：指先行動作**では、まず指を閉じる（グー）、次に指を開く（パー）という順番でしたが、今後はこれを逆にして、まず指を開く（パー）、次に指を閉じる（グー）、すなわち「パーグー（Pah Goo）」という順番で動作をすることにします。

　「指を開けば掌屈が起きる」、逆に、「指を閉じれば背屈が起きる」これがテノデーシスの仕組みです。

■ テノデーシスからストロークを生成する

　では、パーグーリズムから実際のストロークを作り出します。スネアスティックと練習パッドを用意して行います。

1，スティックをクラシックグリップ（基本形）で持つ。親指と人さし指の支点を確認したら、人さし指〜小指まで4本の指を曲げて閉じて（グー）手を背屈させる[1]。これを構えとする。

2，構えの位置から4本の指を一気に緩めて開き（パー）、手首を掌屈させながらスティックを放るように打つ。このとき、スティックが落ちないように親指と人さし指で挟み支点を確保しながら、スティックをスムーズにリバウンドさせる。打感は弱く穏やかな感触になる。手首は掌屈して、4本の指は緩やかに伸びて開いている。スティックは親指と人さし指に挟まれている。

3，4本の指を一気に強く曲げて閉じ（グー）、スティックをしっかり握るようにして打つ。打感は強烈な感触になる。手首は背屈して構えの位置に戻る。指はスティックを強く握っている。

パーグーダブル

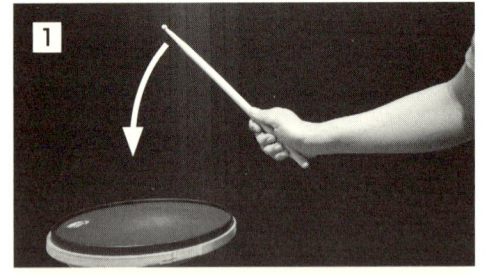

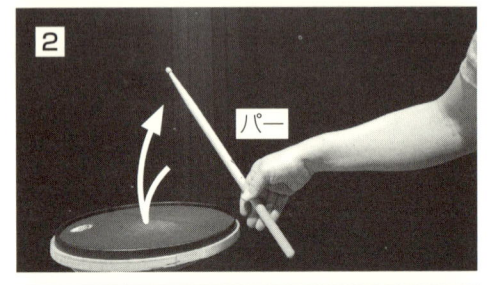

パー

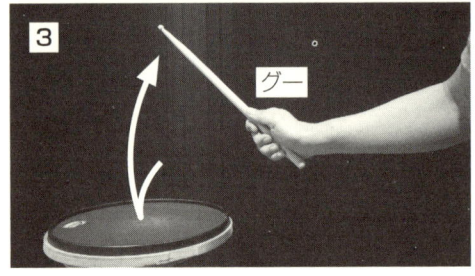

グー

2～3がひとつの動作の流れになるよう練習します。

2～3が「1ストローク」であるとして、これを「**パーグーダブル（Pah Goo Double）**」と呼ぶことにします。パーグーダブルは、1ストロークで2回発音をしていることになります。（▶**参考動画8**）

パーグーダブルを基本とするストロークは「オープンクローズ」「アップダウン」「プッシュプル」などさまざまな呼び方がありますが、テノデーシスを利用しているという点と、指の「開・閉」と「掌屈・背屈」の関係が同じである点で考えると、すべて同一のストロークだと言えます。

※1　指を閉じる「グー」の動作のとき、第1関節と第2関節を意識してしっかり曲げると、背屈の効果が明確になります。今後も、指の形や曲げ方について特に記載がない場合、グーの動作のときは常に第1関節と第2関節を意識して曲げることを前提にします。

※2　スティックが落ちないように親指と人差し指で挟み支点を確保するときは、両方の指は同じような力を入れることになります。これは、「5．支点確保と快適なストローク」で行った母指球のリラックスと人差し指でバチをホールドする意識とは異なります。ストロークの流れをゆっくり行う基礎的な段階では、途中で動作を一旦停止して確認することがあるため、このように「親指と人さし指でバチを挟んで支点をしっかり確保する」というプロセスを必要とします。

今度は、「パーグーダブル」の動きを分割して、2種類のシングルストロークを作り出します。これらを「**パーシングル（Pah Single）**」「**グーシングル（Goo Single）**」と呼ぶことにします。

2種類を試奏して、テノデーシスとの関係や打感、アタックや響きについて確認します。

パーシングル（Pah Single）
指の「開き」により掌屈させるシングルストローク

1，スティックをクラシックグリップで持ち、「パーグーダブル（Pah Goo Double）」と同じ構えの形にする。

2，構えの位置から人さし指～小指の4本の指を緩めて開き（パー）、スティックを放るように打面を打つ。スティックが落ちないように親指と人差し指で支点を確保しながら、スティックをスムーズにリバウンドさせる。手は下に向かって動く（手首の掌屈）。4本の指は緩やかに伸びて開き、手首は掌屈している。スティックは親指と人差し指で挟まれていて、チップ（スティックの先端）は上を向いている。

3，構えの位置にゆっくり戻る。

これは、いわゆるフリーストロークと言われているものに近いストロークです。打つというよりはスティックを落とすまたは放る、という感じで、打感は穏やかで柔らかくなります。アタックの瞬間に指の多くの部分がスティックから離れるため、スティックの圧が弱く、打感は

弱く穏やかで、アタックは弱く柔らかく響きは明るく豊かになります。「柔らかいストローク」と言うことができるでしょう。

　2〜3の動作が「1ストローク」で、これを繰り返せば、「連続したパーシングルのストローク」ということになります。（▶参考動画9）

グーシングル（Goo Single）
　指の「閉じ」により背屈させるシングルストローク。

1, クラシックグリップでスティックを持つ。親指と人さし指の支点を確認したら、エンジンの4本の指でスティックを強く握り背屈させる。そこからエンジンの指を開いて背屈を少し緩める（手が掌屈して下に少し動く）。このとき親指と人差し指でスティックの支点を確保し、チップがおよそ45度上を向くよう角度を調整する。これを構えとする。
2, 構えの位置から、4本の指を曲げて閉じて打面を打つ（グー）。さらに、4本の指で握り込んでバチを強く拘束する。手首は背屈し、チップ（スティックの先端）は上を向く。
3, 構えの位置にゆっくり戻る。

　こちらは、スティックをしっかり握って拾い上げるというイメージになります。パーシングルに比べると打感は強烈で、指や手首や腕がグッと返される強い感覚があります。アタックの瞬間もエンジンの指がスティックに触れ続けているので、スティックの圧がとても強くなります。このためアタックは強く硬く、抑制された響きになります。「シャープなストローク」と言うことができます。

　2〜3までの動作が「1ストローク」であり、これらを繰り返せば、「連続したグーシングルのストローク」ということになります。（▶参考動画10）

　ここで、パーシングル、グーシングルの動作の流れを写真で示します。また、パーシングルとグーシングルの機能を比較して表にまとめました。

パーシングル・グーシングル 動きの流れ

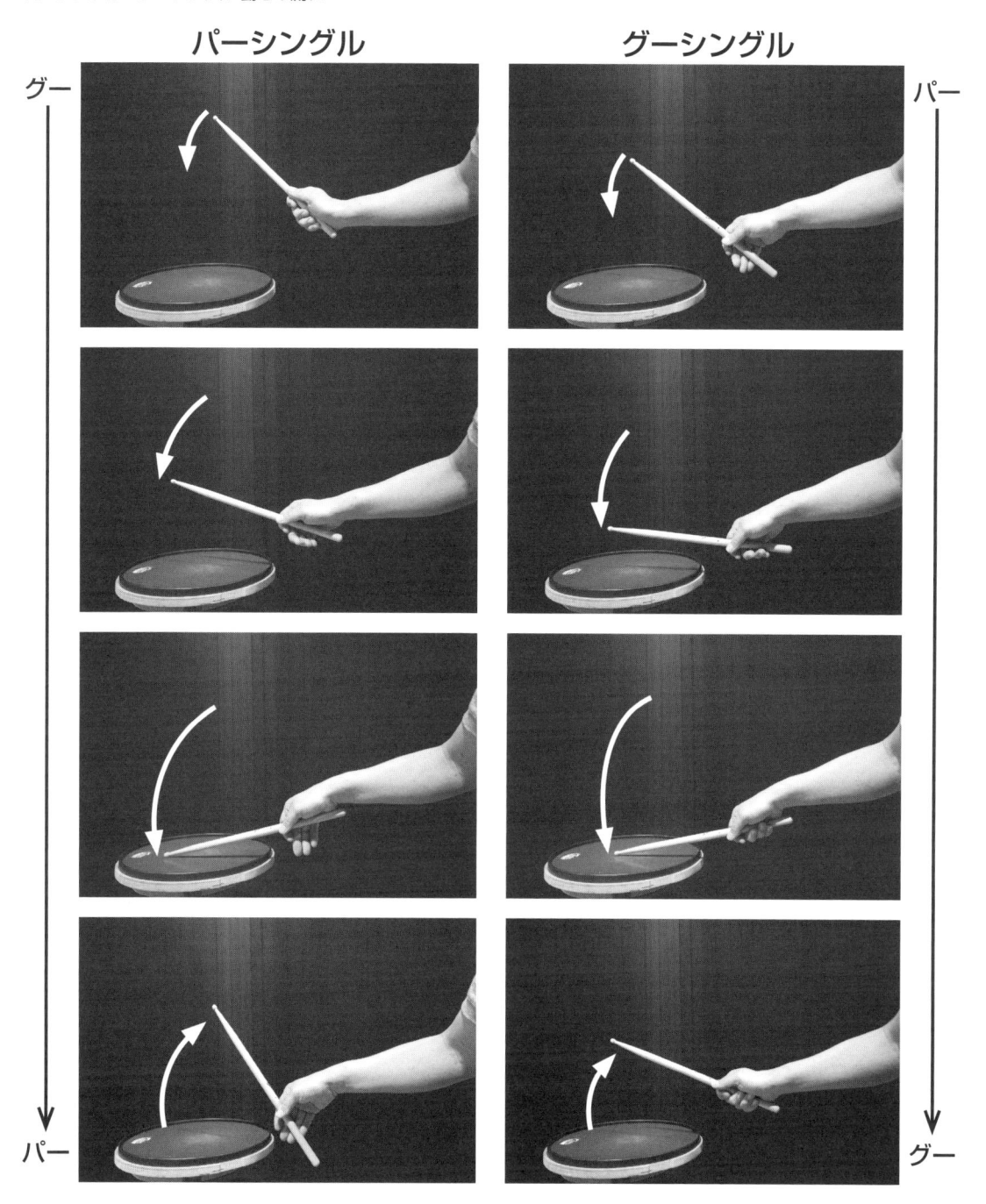

ストローク名	指の動き	手首	バチの圧	打感	アタック
パーシングル	伸ばし開き	掌屈	弱い	弱い	弱い
グーシングル	曲げ閉じ	背屈	強い	強い	強い

パーシングル・グーシングル 機能の比較

　これを見ると分かるように、二つのストロークの特徴はまったく逆になっています。しかし

二つとも**パーグーダブル**から生まれたシングルストロークであり、「指を開けば掌屈を起こす」「指を閉じれば背屈を起こす」という、指から始まる動き＝「指の先行動作によるテノデーシス（**パーグーリズム**）」が元になっているのです。

　ここで扱った３つのストロークを、その生成の流れが分かるように図にします。

　パーグーダブル、パーシングル、グーシングルの３つのストロークは、本書のストロークシステムにとって非常に重要なもので、日常動作の「パーグーリズム」に近い存在でもあります。そこで、この３つのストロークを「**ベーシックストローク（Basic Strokes）**」と呼ぶことにします。

　ここまでは、パーもグーも、常に人さし指、中指、薬指、小指の４本を開閉していましたが、今後は、特に記載が無い限り、エンジンのどの指を開閉するかは問わないことにします。すなわち、ストロークのときにエンジンの指のどれかが開く動きをすればそれは「パー」であり、逆に１本でも閉じる動きをする指があればそれは「グー」である、と定義します。

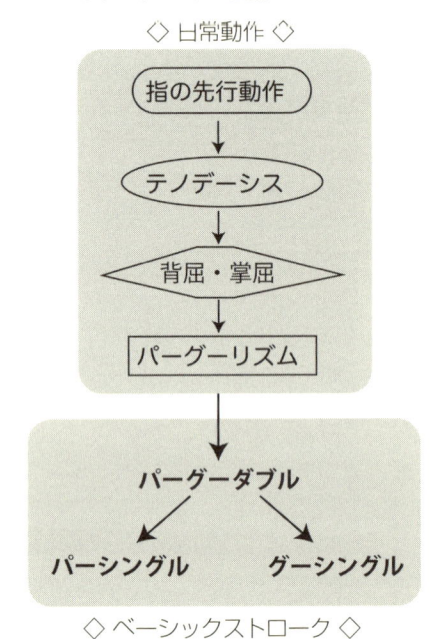

ベーシックストロークの生成

◇ 日常動作 ◇

指の先行動作 → テノデーシス → 背屈・掌屈 → パーグーリズム → パーグーダブル → パーシングル／グーシングル

◇ ベーシックストローク ◇

■ テノデーシスを理解し身体に自然な奏法を手に入れる

　私たちがバチを持ってストロークするときは、必ず指を使っています。そして、手も上下に動かします。これらのことが示すのは、私たちがバチを持ってストロークするときは常にテノデーシスの機能を利用しているのであり、ストロークとテノデーシスは切っても切れない関係だということです。パー、グーそれぞれのストロークは、柔らかく穏やかな音色であり、パワフルでシャープな音色であり、非常に大きな違いがありました。しかし、この違いの元は、指を開くか閉じるかというごく単純な指の動作の違いだけです。しかもそれは考える必要もないほど感覚的な指の動作で、子どもでも老人でも、一度もバチを持ったことがない人でも、誰にでもすぐにできるごく日常的な指の動作なのです。

　テノデーシスを理解した上で行うストロークがいかに身体にとって身近で自然なものであるかという説明は、もはや不要でしょう。

07 打感とリバウンド

打感とはいったい何？

「3，触れて感じ、表現する」では、バチでごく小さく打った時でも、指は打感を捉えている、ということが分かりました。また、「6，テノデーシスとベーシックストローク」での「パーシングル」と「グーシングル」では、打感が大きく異なりました。このように、私たちがバチを使って打楽器を演奏するときは、必ず「さまざまな打感」を感じながら演奏しているわけです。

では、そもそも打感とはいったい何でしょうか？　「バチは打面に当たってリバウンドする（跳ね返る）が、それを瞬間的な衝撃として感じている」という説明がいちばんシンプルで的確であるように思えます。この説明が正しいとすれば、打感の強さはバチが打面に当たる強さに比例することになります。そうなると、打楽器演奏はとても簡単に説明できます。演奏した音の強さがそのまま打感に反映され、それを常に感じながら奏者がバチをコントロールすれば、正確で自在な演奏に繋がる、というような、とてもシンプルで画期的なメソードが確立できそうですが……。

本書では、「打感とは、実はとても複雑な要素からできているのではないだろうか？」という問いを立て、さまざまな検証を行いました。その結果、打感を感じる過程にはテノデーシスが大きく関わっていることが分かってきました。

1本の指で変わるストローク

私たち打楽器奏者は、演奏中に無意識に指の形を少し変えて、音楽表現にメリハリを付けることがあります。ではこのとき、バチのリバウンドの様子や打感にも変化が起きているのでしょうか？　それを調べるため以下のようなストロークテストを実施しました。

テストの条件は以下のとおりです。

使用したもの

スネアスティック、練習パッド

グリップ

クラシックグリップで持つ

グリップのバリエーション（「2，バチとグリップ」参照）

A，人さし指を曲げる（基本形）
B，人さし指を伸ばす（バリエーション）

エンジン

A, 人さし指〜小指（4本）

B, 中指〜小指

ストローク方法

A、B ともグーシングルでストロークする。

その他留意点

A、B とも、同じ音量になるようにストロークする。アタックの瞬間にエンジンの指が全てバチに触れていること。ストロークが終わったときエンジンの指は全て閉じきる（グー）。

このような条件でストロークし、ストロークが終わりチップ（スティックの先端）が停止したときの高さを比較しました。また、A、B それぞれのスタイルの打感について、自由なキーワードで表現してもらいました。

ストロークテスト

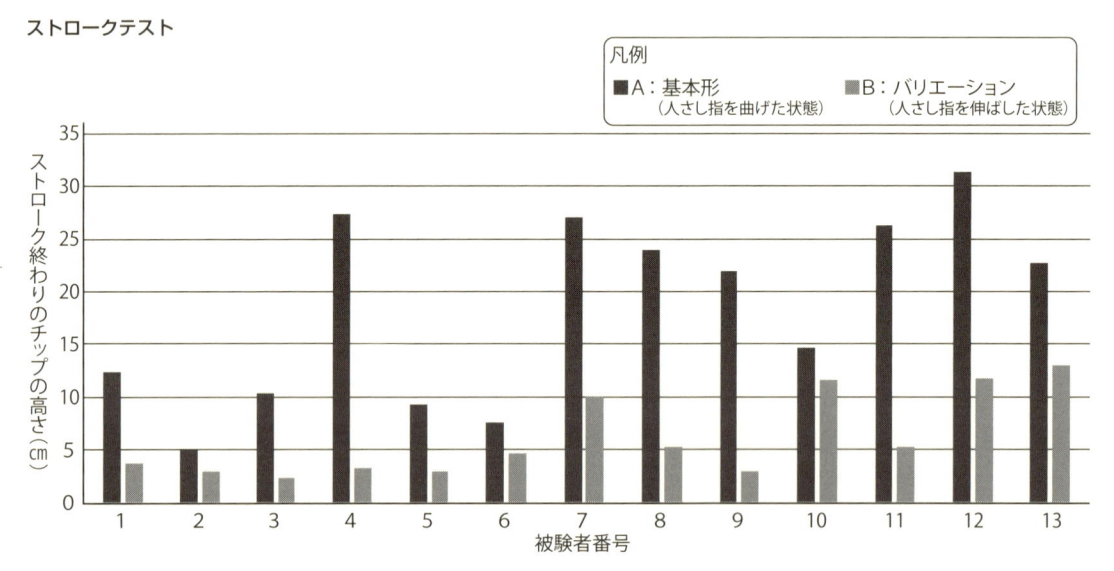

クラシックグリップの
■ A：基本形（人さし指を曲げる、エンジン：人さし指、中指、薬指、小指）
■ B：バリエーション（人さし指を伸ばす、エンジン：中指、薬指、小指）
2種類のスタイルでストロークして、ストロークが終わりエンジンの指を閉じきりチップが停止したときの位置を記録した。
被験者：13名（内訳：音大打楽器専攻生11名、プロ打楽器奏者2名）

全員、A の基本形（人さし指を曲げた状態）のほうがチップの停止位置が高くなりました。打感の詳細は次の図に示した通りで、「強い」に対して「弱い」、「硬い」に対して「柔らかい」など、2つのスタイルで反対の意味の表現が見られます。また、全員が「（A で）人さし指を曲げると、スティックが強くリバウンドすると感じる」と答えています。

打感をキーワードで表現する

A，人さし指を曲げる

打感のキーワード

鋭い、強い、残る、リバウンド、硬い、
アタック、重い、ずっしり、タイト、はっきり、
テンション、スピード、圧力強い、クリアー

B，人さし指を伸ばす

打感のキーワード

鈍い、弱い、跳ねない、柔らかい、不安定、
軽い、緩んだ、落ち着いた、振動が弱い、
リラックスした、あいまいな、ぼやけた

リバウンドの正体を探る

　チップの停止位置の差と打感の違いを生み出した根本的な要因は、人さし指の形の違い（曲
げ・伸ばし）であることは明らかです。では、たった1本の指の形の違いがストロークテクニッ
クにどんな影響を与えたのでしょうか？　そして、チップの停止位置と打感が異なったのは、
スティックそのもののリバウンド力が異なったということなのでしょうか？

　そこで、「6，テノデーシスとベーシックストローク」でテノデーシスの機能から作った動
き『パーグーリズム』（Pah Goo Rhythm）を使って、これらの疑問を調べてみます。人さし
指を「A曲げる」「B伸ばす」の2種類でパーグーリズムを行い、背屈の様子を比較してみます。

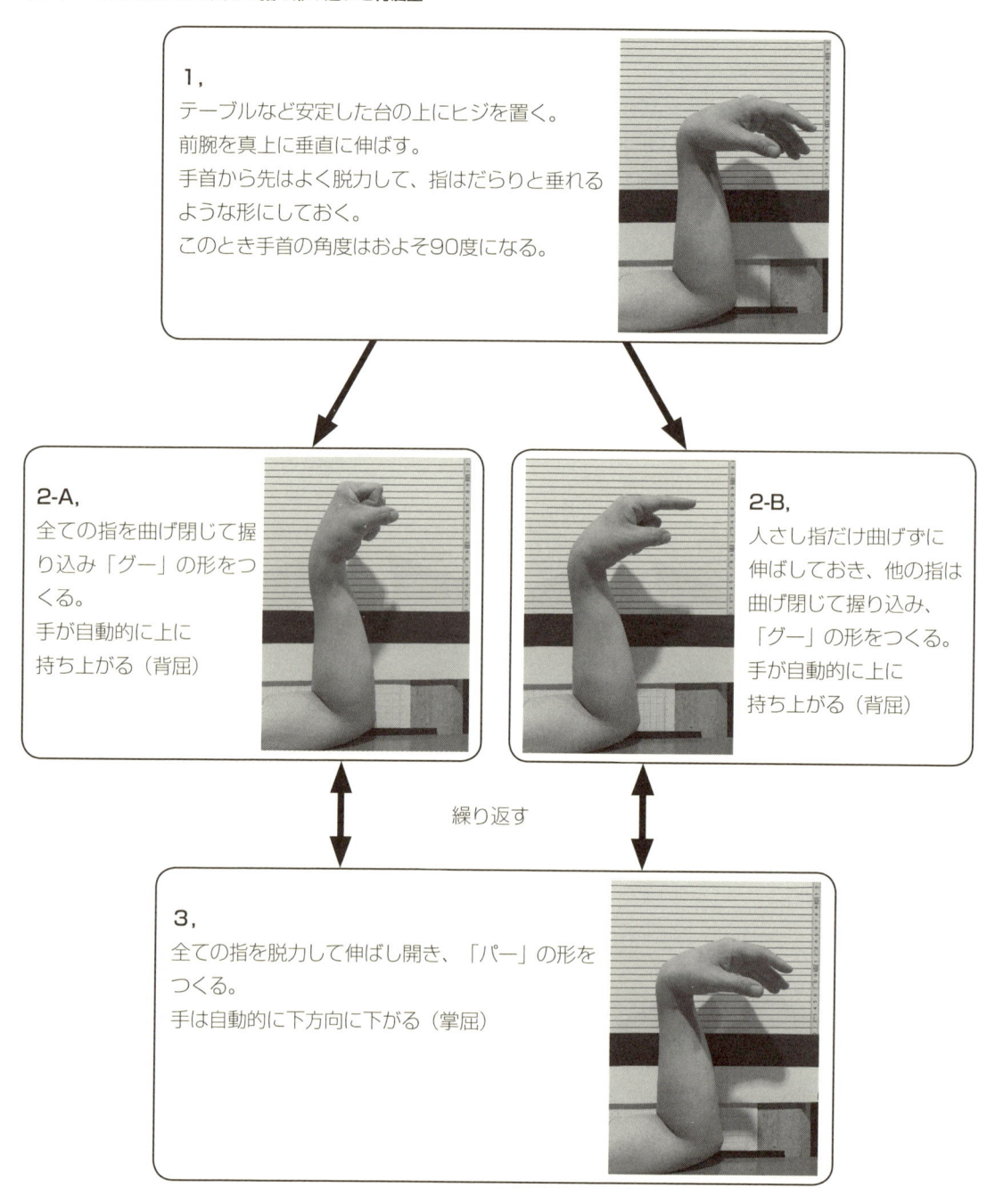

1,

テーブルなど安定した台の上にヒジを置く。
前腕を真上に垂直に伸ばす。
手首から先はよく脱力して、指はだらりと垂れる
ような形にしておく。
このとき手首の角度はおよそ90度になる。

2-A,

全ての指を曲げ閉じて握
り込み「グー」の形をつ
くる。
手が自動的に上に
持ち上がる（背屈）

2-B,

人さし指だけ曲げずに
伸ばしておき、他の指は
曲げ閉じて握り込み、
「グー」の形をつくる。
手が自動的に上に
持ち上がる（背屈）

繰り返す

3,

全ての指を脱力して伸ばし開き、「パー」の形を
つくる。
手は自動的に下方向に下がる（掌屈）

　2-A のほうが、手がより大きく上に持ち上がると思います。これは人さし指が曲がっている
ため、人さし指が伸びている 2-B よりも背屈が強く起こり手が上に持ち上がった、と考えられ
ます。これは「6，テノデーシスとベーシックストローク」で述べた「指をより曲げれば背屈
がより強くなる」というテノデーシスの仕組みのとおりの結果です。

プレイヤーズ・リバウンド

本書は、前述のストロークテストで差が出た理由を以下のように考えます。

AとBのスタイルとも、指と手とスティックの動作は次のような流れでした。

1, エンジンの指は「曲げ閉じ運動」を始めて、スティックを下方向に押す

2, スティックは「下に落ちる運動」を始める

3, スティックが下に動くことによって手首は掌屈する（手が下に動く）

4, 指の力で押されたスティックは打面に当たり、上に戻るリバウンド力が発生する

5, スティックが上に向かうリバウンド力と、スティックを下に押す指の力がぶつかり合う

6, 指の力がリバウンド力に勝り、指がスティックをキャッチしてスティックの動きを押さえ込み、手首は背屈を始める（手が上に動く）

7, 手首は背屈をしながら上に動き、スティックを上に持ち上げる

8, 指の「閉じ曲げ」が終わり背屈が完了し、スティックのチップが停止する

Aは人さし指を曲げた状態ですから、背屈は強くなります。従って、6でキャッチされたスティックは7で大きく上まで持ち上げられることになります。

いっぽうBは、人さし指を伸ばした状態ですから、背屈は弱くなります。従って、7でスティックはあまり上まで持ち上げられません。

このため、8で全ての動作が完了しスティックが停止したときのチップの高さは、AのほうがBより高くなるというわけです。

さて、これで明らかになりましたが、前述のストロークテストでチップの停止位置に差が出た原因は、バチのリバウンド力の差ではありません。

グーシングルの指と手とスティックの動き
（基本形：人差し指を曲げる）

前述のストロークテストに参加した奏者は全員、「Aで人さし指を曲げるとスティックのリバウンドが強くなると感じる」と答えていますが、これは奏者の完全な錯覚です。

　6で指にキャッチされたスティックは動きを抑えられ、もはやリバウンド力はなく、指の中に身を委ねるしかありません。その後のスティックの動き方は手首の背屈動作によって決定します。つまりAはBに比べより多くの指を曲げたため手首がより背屈して、スティックはただ一緒に上に強く持ち上げられただけなのです。

　本書では、この背屈によるバチの持ち上がり現象を、「奏者が自分でバチを上に跳ね返す」という意味を込めて「**プレイヤーズ・リバウンド（Player's Rebound）**」と名付けます。以下、これを略して「**PR**」と表記します。

　PRはほんの一瞬で起こります。バチがもともと持っているリバウンド力に加え、そこに加わる背屈の強さによって、バチの持ち上がり現象であるPRが変化し、そのエネルギーを奏者が感じて打感が変化する、というふうに考えられます。（▶**参考動画11**）

背屈の強さの違いとスティックの停止位置の違い

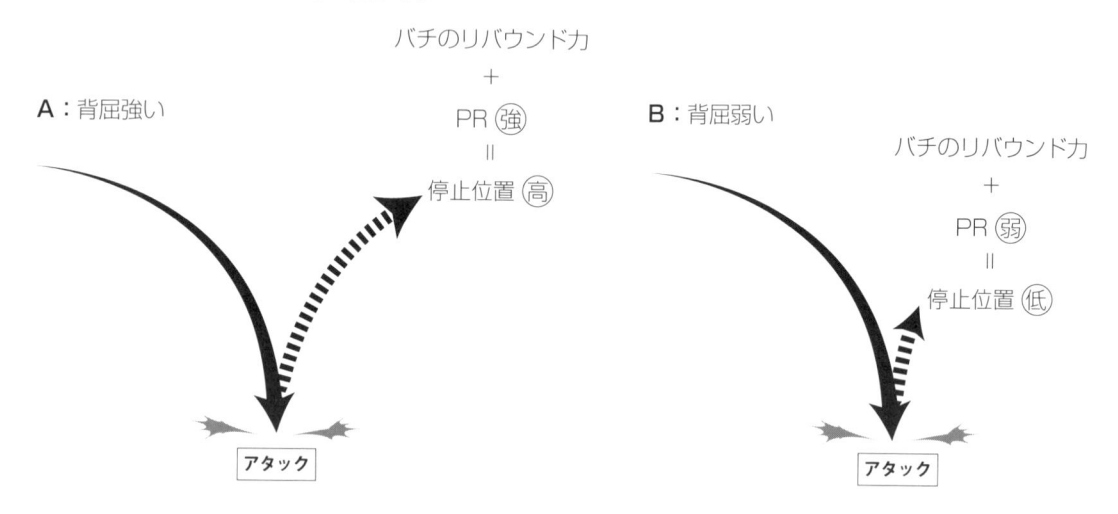

　前述のストロークテストでは、Aの人さし指を曲げたときはPRが多く衝撃が強い、これによって前述の打感アンケートで「強い、鋭い、はっきり」などの感想が出たのだと考えられます。他方、Bの人さし指を伸ばしたときはPRが少ないので衝撃は弱く、このため打感は、「弱い、鈍い、ぼやけた」といった感想が多いのだと考えられます。

　前述のストロークテストでPRと打感の大きな差を生み出したのは、たった1本の指の形の違いだけです。このことから、わずかな指の形の変化でもストロークテクニックに大きな影響を与えるということが理解できます。

　ここで、今後「背屈」と「PR」を明確に区別するために、以下のように定義します。

★背屈とは、指の形や動かし方によって起こる「手の動き」である
★PRとは、背屈によって起こる「バチの動き」である

▌PRと快適なストローク

PRは、テノデーシスの背屈によって奏者の意思とは関係なくバチが強制的に持ち上がる現象です。

バチのリバウンド力が変化しないという条件ならば、「背屈が強ければPRは多くなり、背屈が弱ければPRは少なくなる」というように、PRの仕組みはきわめてシンプルです。ところが、実際の演奏現場では、このことを理解していないことによるさまざまなトラブルが見受けられます。自分のバチが跳ね返る動きが、バチのリバウンド力なのか、それともPRによるものなのか、ふたつの割合がどのようになっているかなどをよく研究することで、トラブルは解消できます。

以下に2つの例を示しながら、PRと快適なストロークの関係について考えます。

例1

スネアドラムとスティックを用意してストロークします。

左右交互にシングルでストロークを続けながら、テンポを「とてもゆっくり〜だんだん速く〜いちばん速く」というふうに加速したら、また「とてもゆっくり」まで減速していきます。これは「ひとつ打ち」と呼ばれるもので、基礎練習として行う方も多いでしょう。

多くの方が、「とてもゆっくり」のときは腕や手首を大きく使ってスティックを動かし、「だんだん速く」では手首中心で動かし、「いちばん速い」では指を閉じる動作だけに集中してスティックを動かす、というように、速度によってテクニックを変えながら練習すると思います。

このとき、「とてもゆっくり」と「だんだん速く」では、スティックが打面に当たって上に戻る動きを快適に感じながらストロークすることができます。しかし「いちばん速い」テンポに近づくと、バチが上に戻る動きが邪魔に感じたり、バチの動きが重いと感じることがあります。そして、限界までテンポを上げたいと思い指でさらにバチを動かそうとすると「突然バチが大きくバタバタと跳ね返り始めて、力が入ってしまいそれ以上速く動かなくなる」という不快な感触になることもあります。この経験は多くの皆さんが持っていると思います。

このようになる理由には、以下のようなことが考えられます。

スネアドラムの打面は張力が強いため、基本的にバチはとてもよくリバウンドできる（バチのリバウンド力が強い）条件を備えています。このため打面に当たったバチは自分のリバウンド力だけで最初の位置まで上がって戻ることができます。これによって、次のストロークのためにスティックを指で下に押しだす動作ができるわけです。そしてこの動作を繰り返せば同じ条件で連打ができる、というわけです。

ひとつ打ちのテンポが上がっていくと、バチの上下運動のスピードは上がるため、バチのリバウンド力は強くなると考えられます。そして指の閉じ動作による背屈でPRが増えて、バチはさらに強く上に戻るようになります。そうなると次のストロークでバチを下に押し出すためにより強い指の力が必要になります。指を強く閉じればさらに背屈も強くなりPRが増大し、バチはより強く上に戻ります。すると指はもっと強く閉じて次のストロークのためにバチを下

に押し出さねばならない、するとバチ自体のリバウンド力もどんどん増え続け、背屈やPRも
どんどん増え続け、指の力はますます大きくなっていく……。

　もうお分かりだと思いますが、ストロークを構成する全ての動きの力がどんどん巨大化する
ため、結局破綻してしまうのです。このため、一定のスピードを超えると「バチが突然動かな
くなるように感じる」のだと考えられます。

　このような状況から脱して、スネアなどよくリバウンドする打面条件で高速連打を実現させ
るためには、単純に背屈を弱めれば良いことになります。背屈が弱くなれば余計なPRも減っ
て、ストロークの後バチは快適な位置に戻ってきて、次のストローク動作をスムーズに開始で
きる、このため同じ条件で連打が継続できる、というわけです。

　スネアドラムにおいて背屈とPRのコントロールをよく研究することは、スピードストロー
クのためのメソード開発に直接繋がっていくと考えられ、今後のより詳しいテクニックの分析
研究が期待されるところです。

例2

　今度は、バスタムを使って、同様に「ひとつ打ち」をやってみます。

　スネアの場合と違って、とにかく基本的にバチは跳ねてくれません。しかもやっかいなこと
に、突如バチが跳ねたり跳ねなかったりという、イレギュラーなリバウンドも起きます。この
ような、まったく不安定な打面の状況でのひとつ打ちの練習は無謀にも思えます。だいいち、
音をそろえてゆっくり打つことすらままなりません。

　このような場合には、「背屈が強ければPRは多くなる」という仕組みを積極的に利用します。
指の形を一定の条件に整え、ストロークごとに指をしっかり閉じて動かして力強く背屈させ、
バチを強制的に上に持ち上げるPRを起こします。バチが上の位置（最初にストロークを開始
した位置）に戻りさえすれば、次のストロークを同じ条件で開始することができる、というわけ
です。これを繰り返せばストローク運動のサイクルが連続できる、すなわち「連打」ができ
る、しかもストロークの条件がそろえば音色もそろう、ということになります。バスタムなど
打面のテンションが低い状況で音をそろえたい場合は、この方法が非常に有効です。

　これが、バチのリバウンド力に頼らない、もっと言えば打面の不安定な状況をものともしな
い、「バチの擬似的なリバウンド運動」すなわちPRを利用するテクニックです。

　多くの方が、「バチが跳ねづらいバスタムやティンパニの低い音の打面など、打面張力が弱
い状況では、脱力した柔らかいストロークで打つことで、バチを上手く安定して返すことがで
きる、脱力することで音がそろう」と考えているようですが、実はそれは逆です。もともと物
理的にリバウンドしないバチと打面の条件に対していくら脱力してアプローチしても、その条
件以上のリバウンドを得られないことは論理的に明白です。従って、張力が弱い打面で安定し
た連打をするためには、奏者自身がストロークごとにバチを強制的に持ち上げるという発想を
する、すなわち背屈によるPRを利用することが必要になります。このためには、もちろんエ
ンジンの指を強く動かす必要があるのです。

　ストロークを安定して保つためには、常に変化するバチのリバウンド力を察知して、PR の量をコントロールし、バチが戻る運動全体の強さを一定に保つことが必要になってきます。そうすることで、突然バチが驚くように楽に速く動かせることがあります。また、「打面の張力が変わると上手く連打できない」という悩みの本質的な原因がなんであるかということも、具体的に分かってきます。

　さらに、「打楽器は常に脱力が大切である」という包括論的なメソッドを見つめ直す必要性も見えてきます。

　前述のスネアドラムとバスタムでの「バチが上手く上に戻った」という結果は同じでも、そのための手段は大きく異なります。スネアドラムの結果は PR を減らしことによるものですが、バスタムの結果は PR を増やしたことによるものです。しかし両方とも、「バチをストロークの開始位置に戻す」という、ストローク作業を継続させるための目的を達成しています。目的が達成されるならば手段を問わないという考え方が柔軟な発想を生み、新たなテクニックを生み出すことに大きく影響すると言えるでしょう。ストロークを快適にするために、バチのリバウンド力と PR のバランス配分を頭の中で仮想的に考えてみることは、とても有効です。

リバウンド力とRPのバランスを考える

◇打面の張力が強いスネアドラムの場合

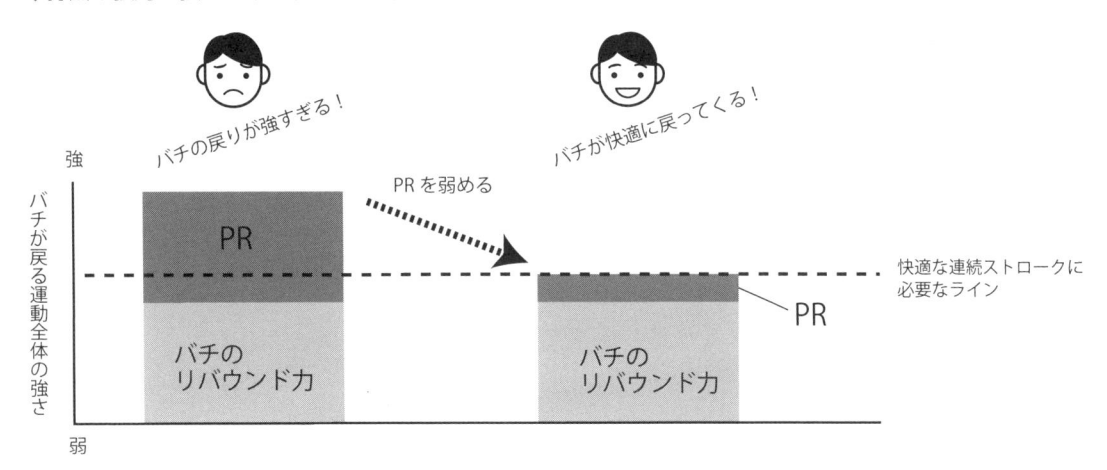

◇打面の張力が弱いバスタムの場合

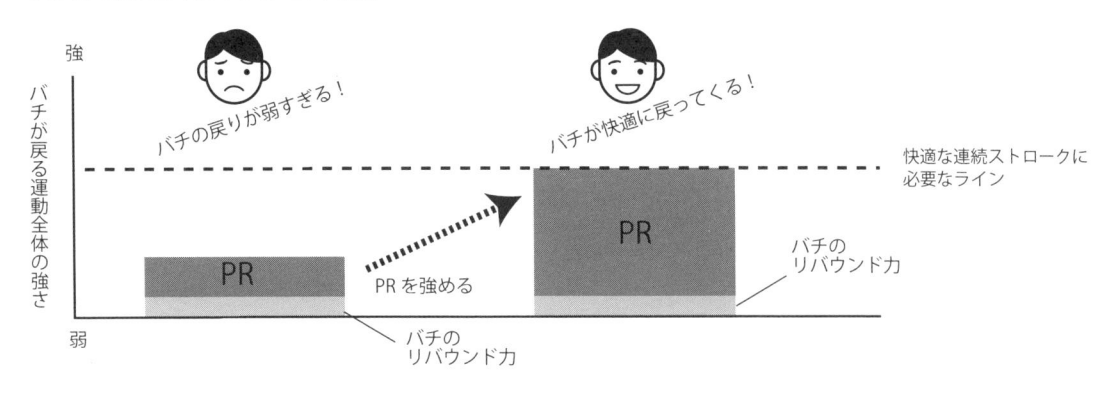

ここで例に挙げた2つのケースは、明確に状況が異なる例でした。しかし、実際の演奏の現場で起きる状況はこのように単純ではなく、常に複雑です。後に詳しく述べますが、特にティンパニの演奏では状況は常にダイナミックに変化し、1打ごとにリバウンドとPRのバランスをイメージしコントロールする能力が必要になってきます。

　このようにPRは、それが邪魔になることもありますし、逆にとても必要になるときもあります。すなわち、PRはストロークを安定させるためにその量を常に変動させなければならないものなのです。

▌打感のふしぎ

　ここまでで分かったように、打感とは、「バチが打面に衝突してリバウンドするときの衝撃」だけを感じているのではなく、奏者自身が作り出すRPの衝撃も一緒に感じ取っていると考えられます。前述のストロークテストで打感が異なったのは、自分の身体動作の差を自分で感じ取ったからなのです。

　テクニックの違いによるPRと打感の変化をより明確に理解するために、ここでちょっと変わった打面を使ってテストをしてみましょう。

　ティンパニマレットを使い自分の太ももを打面にしてストロークします。

　最初に、マレットのリバウンドの力を確認しておきます。マレットを親指と中指だけでゆるくつまむように持ってから太ももに落とします。このときマレットのヘッドは、太ももに当たったらそのままペトンと貼りつくように止まってしまいます。太もものような柔らかい部分を打面にしたときは、ティンパニマレットは自力でリバウンドできません。

　これが分かったところで、以下の2つの試みをします。

　まず、ハイブリッドグリップで持ち、中指だけをエンジンにして、ゆっくりと1打だけグーシングルでストロークしてみます。するとやはり先ほどと同じように、マレットヘッドは太ももに当たって止まってしまいます。エンジンの中指の動きを強くしてストロークを強めても、状況は変わらないでしょう。

　次に、クラシックグリップの基本形で持ち、人さし指〜小指まで4本をエンジンにして、同じようにゆっくりと1打だけグーシングルでストロークしてみます。エンジンの指の第1関節と第2関節をしっかり曲げて閉じきるようにします。すると、ペトンと当たったマレットヘッドが太ももから少しだけ離れて上に止まることが分かります。

　2つのストロークを比較すると、ハイブリッドよりもクラシックのほうがマレットのリバウンドが良い、マレットが返りやすい、という感覚になります。しかし既に述べたように、マレット自身のリバウンド力は変わりようがありません。これは単に、手首が背屈を起こしてマレットヘッドを上に持ち上げただけなのです。それが、「マレットが太ももから跳ね返るように見えた、またそう感じた」というわけです。

　さらに今度は、両手で連続したストロークをして、打感を確認します。ハイブリッドでは、ヘッドが太ももにペトペト貼りつくような不快な打感があるでしょう。手を意識的に上に返せばマ

レットは持ち上がりますが、なんだかクニャクニャして非常にやりづらい感覚です。

　いっぽうクラシックでは、エンジンの指を強く大きく動かせば動かすほど、まるで「バチが軽やかにリバウンドしてくれている」かのように躍動的な打感を感じながら快適にストロークすることができます。（▶参考動画 12）

　これこそが、PR による錯覚の楽しさなのです。

　私たちがなぜこのように錯覚するのかはわかりません（科学者の方々にぜひ研究をお願いしたいところです）。しかし確実なことは、私たちは錯覚さえも利用しながら日々打楽器を演奏している、そして、打楽器演奏では誰でも必ず打感を捉え感じることができる、ということなのです。

　打感とは自分の指の振る舞いによる結果を自分の指で感じることだ、と考えることができます。この考え方によって「全てのストロークは指から始まり指に戻る」というストロークの流れが見えてくると思います。

08 指の形

指の形を研究する

　本書で考える、打楽器のストロークにおいてもっとも重要な現象はテノデーシスです。指のわずかな変化がテノデーシスの機能にスイッチを入れ、テクニックに大きな影響を与えます。テノデーシスによって背屈や掌屈が起き、それらによって PR の量と打感が変わります。このように、テノデーシスを抜きにしてストロークを語ることはできません。

　身体に無理のない安定した演奏をして、かつ自由な音色変化を表現するためには、自分の「指の形」を詳しく研究し、その変化が及ぼすテノデーシスとバチ圧への影響を理解することが非常に重要です。言うまでもなく、「指の形」はグリップ、すなわち「2，バチとグリップ」で述べた「バチに支点とエンジンを設置し機能させるための方法論」に深く関わるものです。

　ここでは、「指の形の変化」という状況をもたらす要素を2つ考えます。それらは、

1，指を何本曲げるのか？　＝指を曲げる数
2，どの関節をどれくらい曲げるのか？　＝指を曲げる強さ

という要素です。

　ここからは、指のそれぞれの関節を下図のように呼ぶことにします。

各指の関節の名称

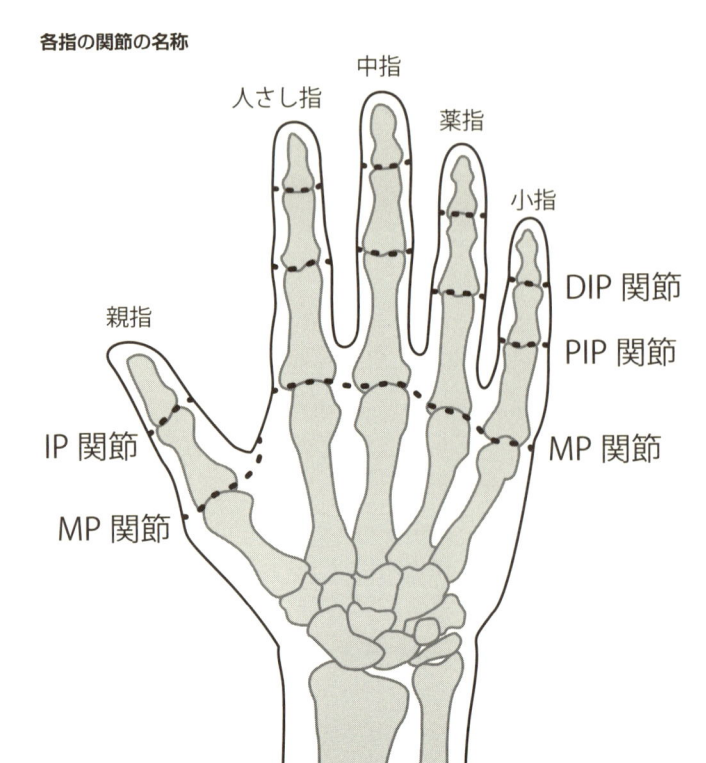

指の形の変化が及ぼすテノデーシスへの影響

> 1，曲げる数
> 　5＞4＞3＞2＞1
>
> 2，曲げる強さ
> 　DIP（IP）＞PIP＞MP

　では、2つの要素について詳しく見ていきます。そして、それぞれの要素が音色とテクニックにどのような影響を与えるのか、例を見ながら考えて行きます。

1，曲げる数：指を曲げる本数が多ければそれだけ背屈が強くなり、逆に伸ばす指の本数が多ければ背屈は弱くなり掌屈する傾向がある、と考えて良いでしょう。また、曲げる指の本数が多ければ、それだけ多くの指がバチに触れて拘束することになるため、圧は強くなります。

　クラシックグリップで、A：人さし指だけ曲げた状態と、B：エンジンの指4本全てを曲げた状態を比較すると、曲げる数による影響力が分かります。ここでは、「曲げない指」については、力を入れずに自然な形で伸ばしておくことにします。

指を曲げる数の違い

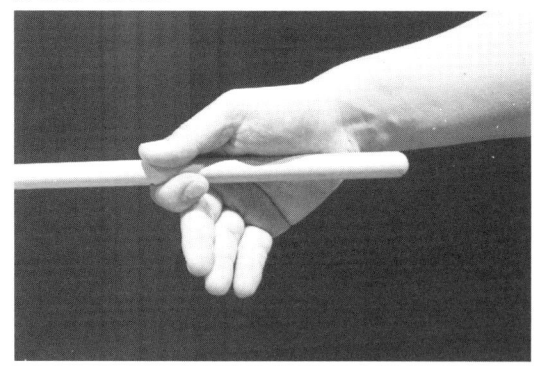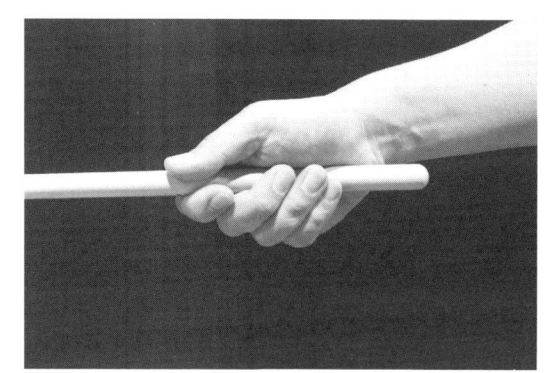

A：人さし指だけ曲げる　　　　　　　　　　　　B：エンジン指を全てを曲げる

　エンジンの指全てを曲げれば背屈は強くなり、人さし指だけ曲げたときは背屈が弱くなりPRを最小にすることができます。曲げる本数を少なくすると圧が弱くなるため、アタックが柔らかくなる傾向になります。ただし、人さし指は特別に大きな影響力を持ちます。ですから上のABの比較では、AとBの曲げる指の本数の比率が1：4だから背屈量も4倍の差になる、というわけではありません。

2，曲げる強さ：指の関節をより強く曲げれば背屈がより強くなります。また、DIP関節を曲げたときが最も背屈が強く、以下PIP関節、MCP関節の順で背屈に影響を与えると考えられます。親指の場合はIP関節、MP関節の順で背屈が強くなると考えられます。

　バチ圧はDIPやIPを曲げたときがいちばん強い傾向になります。この理由は、これらの関節を曲げると最も握力を強めることができる、という手の機能にあります。すなわち、DIPやIPを曲げることで指はより力強くバチを下に押すこと（バチに重さをかけること）ができるからです。以下は、指を曲げる強さの変化による影響がよく分かる比較の例です。

　クラシックグリップのグーシングルで練習パッドをストロークしますが、以下の2種類のバリエーションで打感の違いを比較します。2種類とも同じ音量になるようようにストロークしてください。写真はグリップを裏側から見たものです。

ア）『指の曲げを弱くする』：スティックのバット（スティックのいちばん後ろ）が手のひらの中心を通る、すなわちスティックと腕が一直線になるように持ち、人さし指〜小指の4本のDIP関節を伸ばす。人さし指〜小指の腹が全てスティックに触れるようにすること。→指の曲げが弱い

イ）『指の曲げを強くする』：スティックのバットが、小指側から外にはみ出るようにして、スティックと腕がおよそ45度の角度を作るように持つ。人さし指〜小指のDIP関節を全て曲げてスティックをしっかり包むようにする。→指の曲げが強い

指を曲げる強さの違い

ア）DIP関節を伸ばす

イ）DIP関節を曲げる

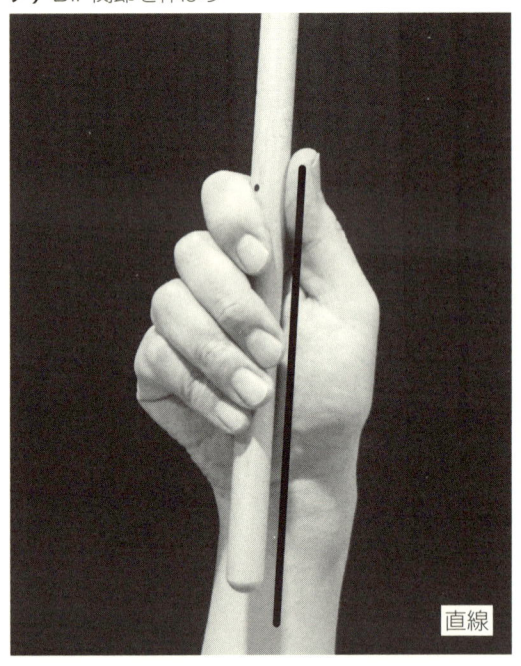

直線

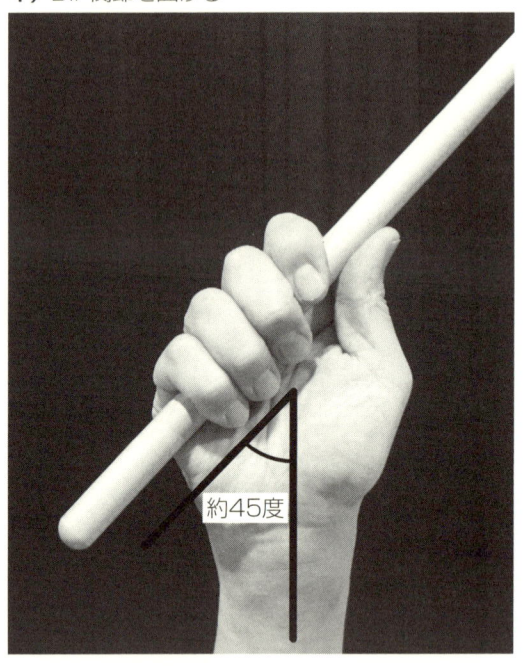

約45度

　アは打感が柔らかくなります。これは、DIP関節が伸びている、つまり指の曲げが弱いため背屈が弱くPRが少ないためだと考えられます。

　イは打感が硬くなります。これは、1に比べてDIP関節が曲がる、つまり指の曲げが強くなることで、背屈が強くPRが多くなるためだと考えられます。

　今度は、この2つのスタイルでライドシンバルを叩き、音色を比較します。

　アはDIPが伸びていることでバチの圧が弱くなります。このためシンバルの複雑な倍音がよく出て、柔らかい音色になる傾向があります。

　反対にイはDIPが曲がっていることでバチの圧がとても強くなります。このためシンバルの倍音が出づらくなり響きが抑制され、ストレートに減衰するような音色になります。指先をシャフトに立てるように当てて押さえ込むようにすると、さらにシャープな音色が得られます。

　私たちの手の構造は非常に複雑です。また、既に述べたように人さし指の形は影響力が強く例外的です。他の指も、どれも同等の影響力があるというわけでもありません。しかしあえて2つの要素に分けて示したのは、指の形の変化による影響をできるだけシンプルに合理的に説明するためです。

指の形と演奏の法則性

　さて、ここまで見てきた指の形の変化による影響には、次のような傾向を見いだすことができます。

・指を曲げる本数を増やしたり曲げを強めれば、背屈が強くなる
・指を曲げる本数を減らしたり曲げを弱めれば、背屈が弱くなる（掌屈する）

　お気づきの通り、これは「6. テノデーシスとベーシックストローク」で説明したテノデーシスの仕組みと同じです。この傾向をもとに、指の形の変化よるテクニックと音色への影響についてまとめてみます。ここからは、指を曲げる本数を増やしたり曲げを強めることを「指の形を強くする」、逆に指を曲げる本数を減らしたり曲げを弱めることを「指の形を弱くする」と表現します。

指の形を変化させたことによるテクニックと音色への影響

指の形	強い ←――――――――――――→ 弱い	
背屈	強い ←――――→	弱い（掌屈する）
バチの圧	強い ←――――→	弱い
アタック	強い・鋭い・硬い ←――――→	弱い・鈍い・柔らかい
響き	抑制・暗い ←――――→	豊か・明るい
PR	多い ←――――→	少ない
打感	強い・鋭い・硬い ←――――→	弱い・鈍い・柔らかい

　指の形を強めると、バチ圧が強くアタックが強いなどの傾向になり、逆に指の形を弱めれば、バチ圧は弱くアタックが弱いなどの傾向になることが分かります。

PRコントロール

　実際の演奏をする中で、快適なストロークを実現するためにPRのコントロールが重要であることは既に述べました。常に指の形の強弱を緻密に観察することで、次第にPRのコントロールができるようになってきます。指導の現場では、生徒自身が自分の指の形をチェックする習慣をつけるための指導や、生徒自身がPRをよく理解しコントロールできるようになるための指導をすることによって、自分の指の形がもたらすテクニックや音色の影響について理解が深まると思います。

09 ストロークの生成と分類

「6，テノデーシスとベーシックストローク」ではまず、指の先行動作からテノデーシスが起きることを確認しました。そして背屈・掌屈動作から**パーグーリズム**（Pah Goo Rhythm）を作り、そこから**パーグーダブル**（Pah Goo Double）を作り、さらにそれを2つに分割して**パーシングル**（Pah Single）と**グーシングル**（Goo Single）を作りました。既に述べたように、パーグーダブル、パーシングル、グーシングルの3つは、ストロークの基本となる**ベーシックストローク**（Basic Strokes）です。（右図参照）

ここでは、このベーシックストロークからさらに7つのストロークを加えて合計10のストロークを生成し、それぞれのテクニックや音色の特徴について考えます。また、ベーシックストロークを指導する例も紹介します。

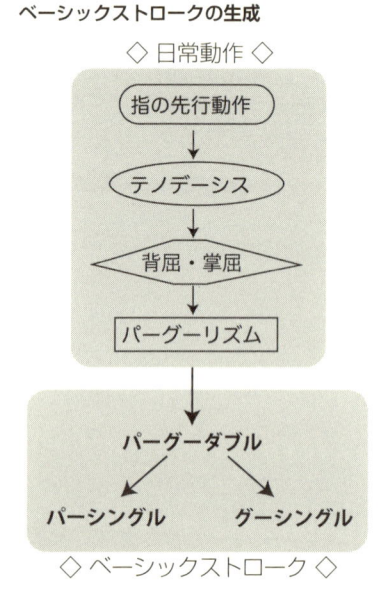

ベーシックストロークの生成

ストロークの分類法

10のストロークの特徴を詳しく見る前に、まずストロークの分類方法を見ていきます。本書ではストロークを「発音数」と「指の先行動作」という二つのフィルターを使って分類します。

発音数のフィルター：本書冒頭でも説明しましたが、まずストロークを「1ストロークでの発音数」によって3つのグループに分類します。

☆**発音数1：シングル**ストローク
☆**発音数2：ダブル**ストローク
☆**発音数3以上：バズ**ストローク

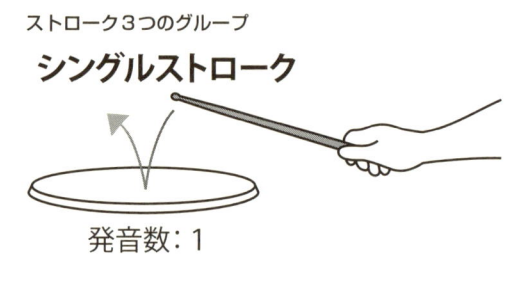

ストローク3つのグループ

シングルストローク

発音数：1

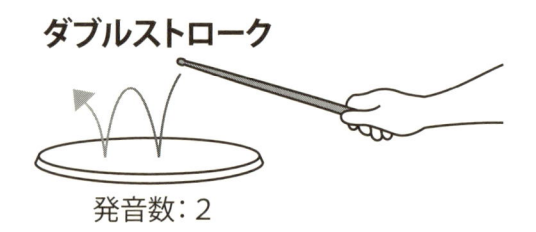

ダブルストローク

発音数：2

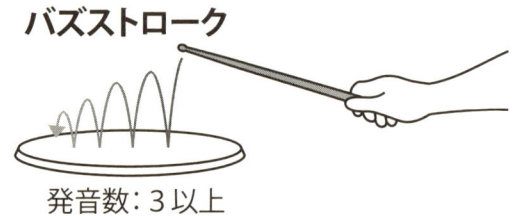

バズストローク

発音数：3以上

指の先行動作のフィルター：今度はストロークに、以下のような指の先行動作の違いによる
キーワードを付けます。

★指を開く：パー

★指を閉じる：グー

★指を停止する：ニュートラル

　「ニュートラル」という言葉は、本書ではここで初めて登場します。これは、今まで見てき
た先行動作「パー」でも「グー」でもないその中間の状態を示すもので、指を動かさず停止
したまま、手や腕を動かしてストロークするものです。「ニュートラルは指を動かさないので、
そもそも先行動作とは言えないのではないか」という指摘がありそうですが、本書では便宜上
これも先行動作のひとつであると考えます。（コラム「無意識のグー」参照）

ストロークの呼び方：「キーワード＋グループ名」という文法による固有の名前を付けて呼ぶ
ことにします。

　たとえば、

・発音数が3以上（**バズ**）で指の先行動作が「閉じ」（**グー**）であるものの呼び方は
　「**グー　バズ**」
・発音数が2（**ダブル**）で指の先行動作が「開き」（**パー**）であるものの呼び方は
　「**パー　ダブル**」
・発音数が1（**シングル**）で指の先行動作が「停止」（**ニュートラル**）であるものの呼び方は
　「**ニュートラル　シングル**」

となります。

ストロークの生成

　ベーシックストロークを含む10のストロークが生成される過程を日常動作からたどってみ
ましょう。すると、以下のような流れになります。

1，指の先行動作によってテノデーシスを起こし、背屈と掌屈の運動を行う
2，1の運動をパーグーリズムの動きに整える
3，バチを持った状態でパーグーリズムの動きを行い、パーグーダブルを作る
4，パーグーダブルを2つに分け、パーシングルとグーシングルを作る
5，パーシングルとグーシングルの間にニュートラルシングルを作る
6，パーシングルからパーダブル、グーシングルからグーダブルを作る
7，パーダブルとグーダブルの間にニュートラルダブルを作る

8，パーダブルからパーバズを作り、グーダブルからグーバズを作る

9，パーバズとグーバズの間にニュートラルバズを作る

　これを図にすると以下のようになります。

10のストロークの生成過程

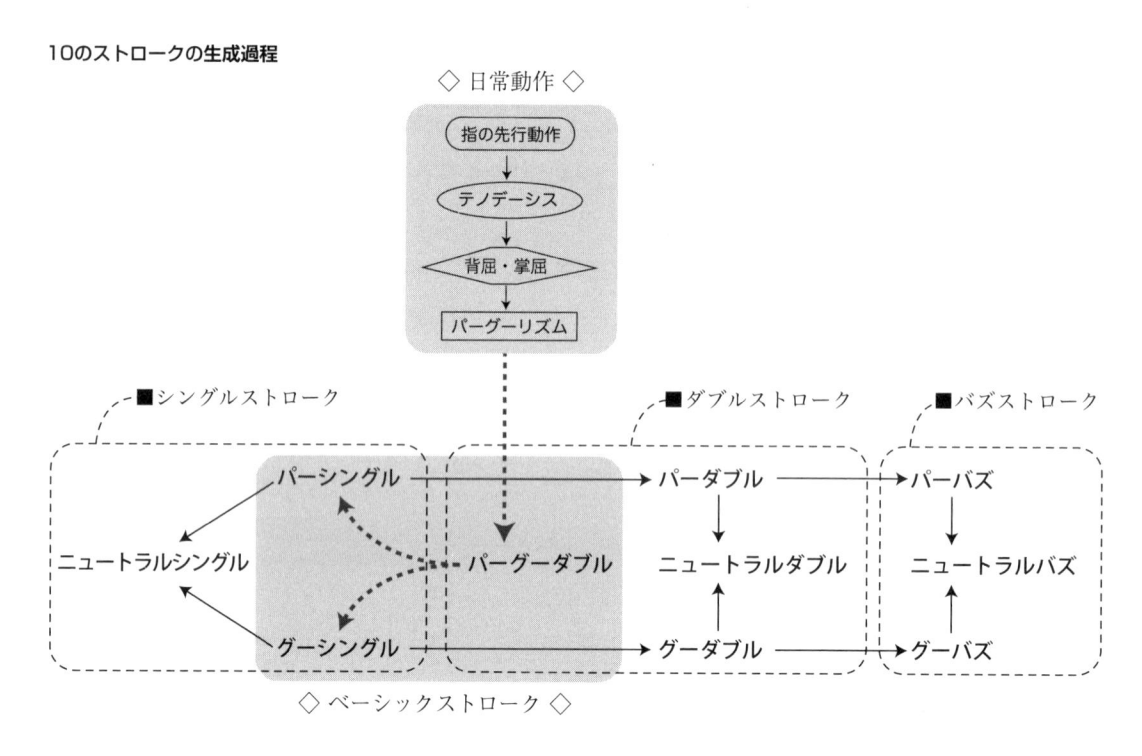

　この図を見て明らかになってくるのは、最初に作られるストロークはパーグーダブルであり
シングルではない、ということです。そして、パーグーダブルは日常動作に最も近く、10 の
ストロークの中で最も極端に異なる2つの音色を持つ、ということです。

　最初にパーグーダブルを習得し、それを分割してシングルに進む方法を採ることは、学習者
にとって動作が身近で理解しやすいことが分かります。そしてパーグーダブルを最初に学習す
ることは、初心者が打楽器の音色世界の極限をいきなり体験することを意味します。つまり、
ストロークの学習をパーグーダブルから始めることは、「打楽器はまず音色表現ありきである」
ということの強い主張でもあるのです。しかし、実際の打楽器演奏現場において最も多く用い
られているのは間違いなくシングルです。これらのことは、シングルストロークを研究すると
き常にその原型であるパーグーダブルを捉えておくことの重要性を意味しているのだと考える
ことができます。

　本書で紹介する全てのストロークは指を「開く・閉じる・停止」という3つの動作を積極的
にかつ精密に行います。これは、「全てのストロークは指から始まる」ということを明確に示
すものです。

以下の表は、10のストロークのテクニックについてまとめたものです。

グループ名	発音数	ストローク名	指の先行動作
シングルストローク	1	パーシングル	開き
		グーシングル	閉じ
		ニュートラルシングル	停止
ダブルストローク	2	パーグーダブル	開き・閉じ
		パーダブル	開き
		グーダブル	閉じ
		ニュートラルダブル	停止
バズストローク	3以上	パーバズ	開き
		グーバズ	閉じ
		ニュートラルバズ	停止

では、3つに分けたグループごとにストロークを詳しく見ていきましょう。

全てのストロークは、クラシックグリップの基本形（人差し指を曲げる）で持ち、親指の向きが横になる（手の甲が上を向く）状態で行うことを前提にして説明しています。

シングルストローク

1ストロークで1回発音するグループです。打楽器演奏のほとんどのフレーズはシングルストロークで構成されています。シングルストロークを磨き上げることは、すなわち打楽器奏者の技術力を高めることになります。

このグループには、指の先行動作が異なる3種類のストロークがあります。

パーシングル（Pah Single）

本書では既に紹介しているもので、「ベーシックストローク」のひとつです。指を伸ばして開く先行動作でストロークして手首の掌屈を起こします。このため PR が起きず、スピードストロークが容易にできそうに思えます。しかし私たちの身体は「指を素早く外に伸ばしながら開く」という動作を素早く繰り返すことが苦手なようで、このパーシングルでのスピードストロークはかなり困難です。

バチへの圧を最小にできるため柔らかく倍音豊かなサウンドを出すことができます。次に述べるグーシングルの音色と対比することで、自分が持つ音色の幅を知ることができます。従ってこのストロークの機能を理解することは、打楽器奏者として大きな表現力を得ることにつながります。（▶参考動画9）

グーシングル（Goo Single）

こちらも既に紹介しているもので、「ベーシックストローク」のひとつです。

指を閉じる先行動作でストロークするため、基本的には手首の強い背屈と PR が起き、バチの圧は強く、アタックと打感も強いストロークであると考えて良いでしょう。しかし実際の演奏においては、指の形と閉じ動作を高度に管理することで、非常に多彩な表現が可能になってきます。

DIP 関節（指の第一関節）をよく曲げ、指の閉じ動作を大きく強めると、背屈が最大になりバチの圧も強くなるので、非常に強くシャープなアタックを容易に出すことができます。ただし PR が多いため、スネアドラムなど張力が強い打面ではスピードストロークが困難になります。

反対に DIP 関節を極力伸ばしかつ指の閉じ動作を小さくコンパクトにすると、バチの圧を限りなく弱くすることができます。背屈も弱くなるため PR を非常に少なくすることが可能で、自分の限界のスピードストロークを体験することができます。ただしバチの圧が弱いためアタックを出しづらくなります。

また、エンジンとして使う指の数を適宜変える（人さし指のみ、中指のみ、人さし指〜小指の４本、など）ことで、アタックや響きの質を変化させることができます。

このようにグーシングルは、指の形と閉じ動作、エンジンの指の本数を変えることによってバチの圧をダイナミックにコントロールできます。これをティンパニのロール奏法に利用すると、マレットの振り幅を最大限にした柔らかいアタックによる大音量のロールを、腕力に頼らず指の閉じ動作で実現することが可能になります。

このように多彩な音色を持つグーシングルですが、ここでは基本的な特徴を捉えて、「バチの圧が強く、アタックが強いストロークである」と整理しておきます。（▶参考動画 10）

ニュートラルシングル（Neutral Single）

パーでもグーでもない、指の動きを停止して代わりに手や腕を意識的に動かすストロークです。ここからさまざまなテクニックに移行したり、さまざまなテクニックからここに戻ってきたりするため、まさにニュートラルな立場だと言えます。

このストロークは、バチの圧がほとんど変化せず音色変化が無いため、フレーズの表現力が乏しいと言えるでしょう。しかし逆の発想をすると、「音色変化が無い」＝「フレーズの音色がそろいやすい」というメリットがあるストロークだと考えることができます。（▶参考動画 13）

ニュートラルは指を停止して手や腕を動かしてストロークするので、手や腕がエンジンであるように見えます。しかし、指は停止していても「指がバチに触れて、バチを動かす」という状況に変わりはありません。ですからニュートラルは手や腕がエンジンではなく指がエンジンである、と言うことができるのです。

ダブルストローク

１ストロークで２回発音するグループです。アメリカの N.A.R.D（National Association of Rudimental Drummers）が定めた The Standard 26 American Drum Rudiments（26 のドラム・

ルーディメンツ）では、ダブルストローク（double stroke, N.A.R.D による表記は The Long Roll）は第1番目に記されています。これは、正統的なスネアドラムの技術においてダブルストロークがいかに重要であるかを示しているわけです。（シングルストロークは第14番目）

ダブルのテクニックはテノデーシスと強い関係があるため、音色変化のメカニズムやPR、打感を研究する上でも非常に重要だと言えるでしょう。（「6，テノデーシスとベーシックストローク」を参照）

昨今、ダブルの原理を応用した多くの高度なテクニックが開発され、スネアドラムやドラムセットに限らずマリンバやマルチパーカッションなどさまざまな打楽器の演奏に用いられています。

このグループには、指の先行動作が異なる4種類のストロークがあります。全てを学習することは、単にダブルの理解だけにとどまらない大きな発展につながります。4種類の特徴を詳しく見ていきましょう。

パーグーダブル（Pah Goo Double）

これも本書では既に紹介しているもので、「ベーシックストローク」のひとつです。「6，テノデーシスとベーシックストローク」で述べたように、指の先行動作によるテノデーシスの動き「パーグーリズム」と同じ動きをするもので、全てのストロークの原型であり、日常動作にもっとも近い自然なストロークだと言えます。

もう一度仕組みを理解するため、動作を非常にゆっくり大げさに再現します。

奏法

1，バチの支点（親指と人さし指）を作り確認したら、中指、薬指、小指も曲げて閉じて手を背屈させる。これを構えとする。

2，人さし指〜小指の4本を開き掌屈して（パー）バチを投げるようにして1打目を打撃する。バチは親指と人さし指で作った支点に挟まれてリバウンドして上に動く。4本の指は緩やかに伸びて開き、手首は掌屈している。

3，4指の指を曲げて閉じ背屈して（グー）バチを掴むようにして2打目を打撃する。バチは上に持ち上げられ、指とバチと手のひらが接触してバチが停止する。（▶参考動画8）

1打目はバチに圧がかからず、2打目は強い圧がかかります。このため1打目はオープンで柔らかいアタックの音色、2打目はシャープでクリアなアタックの音色が出ます。

パーグーダブルは非常に発展性があるストロークです。ストロークを連続し動きを速くコンパクトにしていくと、いわゆる「アップ・ダウンストローク」または「プッシュ・プルストローク」と呼ばれる超絶技巧につながっていきます。また、左右のストロークのタイミングをずらすことでフラムに移行させることができます。（▶参考動画14）

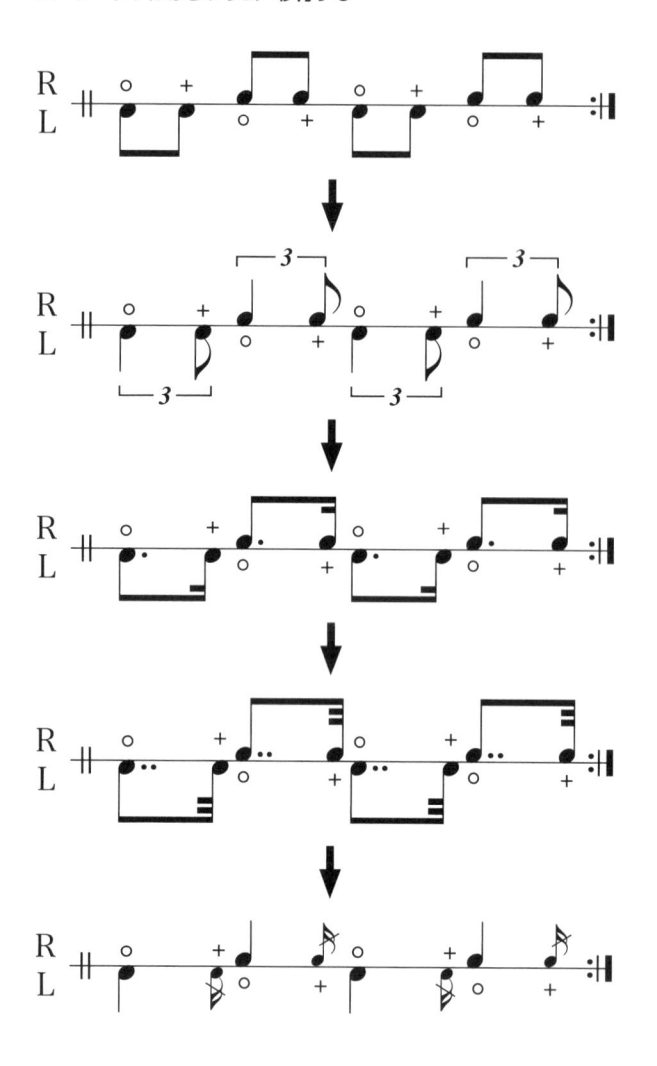

繊細なフラムがある楽曲でこのテクニックを応用すると、フラムはシャープで暗い音色、本音符は柔らかく明るい音色になる。フラムの響きが短くなるため、直後の本音符の音色を邪魔することがない。また二つの異なる音色が連続することで全体のサウンドが立体的になる。

Snare drum

Walzer

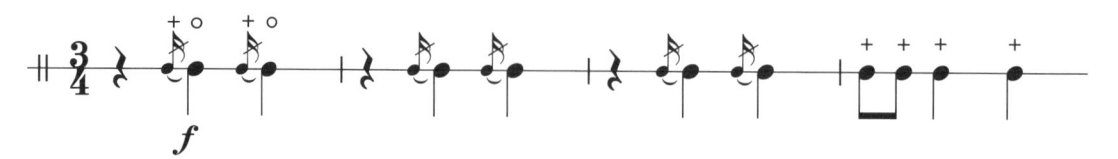

　このようにパーグーダブルは、高度なと音色技術の研究に欠かせないベーシックストロークです。

パーダブル（Pah Double）

指を開く先行動作であるパーの運動で行うダブルストロークです。

奏法

1，全ての指でスティックを握り、手を背屈させる。これを構えとする。
2，ニュートラルシングルと同じ感覚で、エンジンの指を停止したまま手または腕を動かして1打目を打つ
3，人さし指〜小指を開き掌屈して、落とすように2打目を打つ

　指を開く動作を使うためバチの圧が弱くなり、明るく広がりのある音色になります。
　実際の演奏では人さし指だけをエンジンとしたり、1打目からパーの動作を使うこともあります。（▶参考動画15）

グーダブル（Goo Double）

指を閉じる先行動作であるグーの運動で行うダブルストロークです。

奏法

1，「パーグーダブル」の2の最後の状態を作る。バチは親指と人さし指に挟まれていて、バチのチップ（先端）は上を向き、バット（後ろ）は手のひらから離れている。人さし指〜小指の4本は緩やかに伸びて開く。この状態から手を少し背屈させる。これを構えとする。
2，人さし指〜小指を適宜エンジンにして閉じながら1打目と2打目を連続して打つ。

　指を閉じながらストロークするため、硬く強いアタックになります。
　実際の演奏で連続したグーダブルを行うときは、動きはよりコンパクトに流れるようになります。また、人さし指だけをエンジンとすることもあります。（▶参考動画16）

ニュートラルダブル（Neutral Double）

　指の動きを停止して手や腕を意識的に動かしてストロークするダブルストロークです。腕だけでストロークするとバチの圧が変化しないため、2打の音色をそろえることができるます。オープンロール（ダブルストロークを速く連続させる奏法）に適したテクニックだと言えるでしょう。（▶参考動画17）

バズストローク

1ストロークで3回以上の発音をするグループです。こちらも3種類のストロークがあります。

パーバズ（Pah Buzz）

パーダブルから作られたもので、指を開く先行動作によるバズストロークです。

奏法

1，親指と人さし指で支点を確保する。人さし指だけをエンジンとしてバチに触れさせて、他の3本の指はバチから離しておく。

2，ニュートラルシングルと同じ感覚でエンジンの指を固定して、手または腕を動かして1打目を打つ。

3，エンジンの指を開き（パー）ながら掌屈させて、2打目以降の任意の数の発音をする。

　指を開きながらストロークするため基本的にバチの圧が弱く、明るく柔らかい音色が表現できます。（▶参考動画18）

グーバズ（Goo Buzz）

グーダブルから作られたもので、指を閉じる先行動作によるバズストロークです。

奏法

1，「グーダブル」の1と同じ状態を作り、これを構えとする。

2，人さし指をエンジンにして閉じながら、3打以上の任意の数を連続して発音する。

　指を閉じながらストロークするためバチの圧が強く、暗くシャープな音色を表現できます。デッドストローク（バチを打面に強く押しつけて止め、特殊音を表現するストローク）のメカニズムを研究する際には重要なカギになります。（▶参考動画19）

ニュートラルバズ（Neutral Buzz）

　指の動きを停止させ手や腕を意識的に動かすバズストロークです。腕だけでストロークするとバチの圧が変化せず、整った音色を表現できます。スネアドラムのクローズロールで安定した響きを表現するために適したテクニックです。（▶参考動画20）

先行動作をグラデーション変化させる

　今まで見てきたように、パー、グー、ニュートラルの3種類にはそれぞれ特徴があり、それらを用いることで得られる効果も異なります。場面に応じて3種類の指の先行動作を使い分けることで音色表現の幅が広がっていきます。

　ここでは、ストロークを続けながら指の先行動作の割合をグラデーションのように変化させると、音色もそれに合わせグラデーションのように変化することを体験します。

シングルのグラデーション変化

　シングルストロークを一定のテンポで繰り返しながら、グー（指を閉じる）→ニュートラル（指を停止する）→パー（指を開く）→ニュートラル…… というように、先行動作を徐々に変化させていきます。そして、音色が徐々に変化する様子を確認します。

先行動作のグラデーション変化

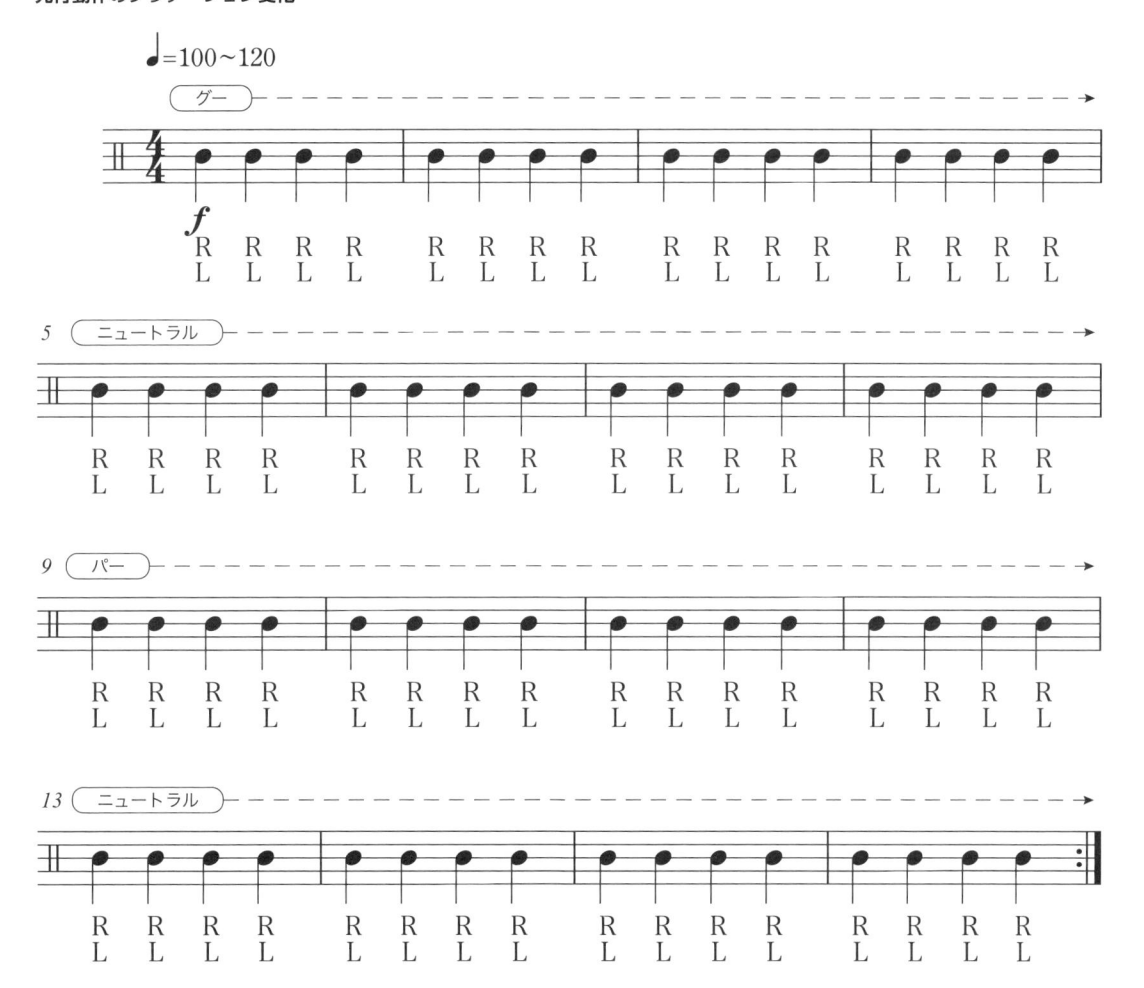

　音量を変えずにストロークを続けることが重要です。耳をよく使って、音量が変化していないかどうか、そして音色がしっかり変化しているかどうかチェックします。

　これは、「自在な音色表現をするために、テクニックは一定ではなく常に変化するべきである」ということを理解するための、きわめて重要な体験だと言えるでしょう。またこの体験によって、「音量という単純なベクトルではなく、音色という複雑なベクトルによって立体的な表現をする」という発想を持つことができます。

この体験の目的は、メトロノームのテンポで正確に叩く、いわゆるリズム打ちのスキルアップではありません。重要なことは、「指の先行動作によって音色を操作できる」という気づきなのです。（▶参考動画21）

指の先行動作と演奏の法則性

　さて、ここまで見てきた指の先行動作による音色とテクニックへの影響には、一定の法則性を見いだすことができます。

指の先行動作とテクニック、音色の関係

指の先行動作	グー ◀－－－－▶ ニュートラル ◀－－－－▶ パー		
背屈	強い ◀－－－－▶		弱い、または掌屈する
バチの圧	強い ◀－－－－▶		弱い
アタック	強い・鋭い・硬い ◀－－－－▶		弱い・鈍い・柔らかい
響き	抑制・暗い ◀－－－－▶		豊か・明るい
PR	多い ◀－－－－▶		少ない
打感	強い・鋭い・硬い ◀－－－－▶		弱い・鈍い・柔らかい

　グーの動きの要素が多ければ、バチの圧は強く、背屈が強くなり、打感は強く鋭く、PRは多く、暗い響きになります。反対にパーの動きの要素が多ければ、バチの圧は弱く、掌屈の動きが多くなり、打感は弱く鈍く、PRは少なく、明るい響きになる、という傾向になります。そしてニュートラルはこれらの中間的な状況になります。

　これらは、「8，指の形」と同じ法則性であることが分かります。

指導実践の例

　初心者がベーシックストロークを理解するために、段階的な指導を行います。

１，まず、パーグーリズムを行い、テノデーシスの機能を理解する。

テノデーシスを理解する

掌屈

背屈

2, クラシックグリップ（基本形、人さし指を曲げる）でスティックを持ち、エンジン（人さし指〜小指）を同時に開閉しながらパーグーを使って打面を叩いてみる。この段階では指を「伸ばし開く→曲げ閉じる」という動作の意識だけでスティックを上下に操作して打面に当てることができることを理解する。ストロークごとの発音の回数は関知しない。

スティックを持った状態で

掌屈

背屈

3, グー（背屈）をして上で構えてから、パー（掌屈）で1回打ってすぐグーをしながら1回打つ、そしてグーで握って上で止まる、という一連のパーグーストロークの流れを練習する。

4, 3に慣れてきたら、一定のテンポでできるように練習する。グーで構え、パーで1回→グーで1回打つ、そしてグーで握って上で止まる。

5, ストロークの動きを連続させる。グーで構えたら、パー・グー・パー・グー……と規則正しいリズムで打てるよう練習する。

　最初はとても大げさなパーグーの動作で構いません。その方が、背屈と掌屈が強く起きて自分の手とスティックの上下動をはっきり認識できるからです。

　パーグーダブルがある程度できるようになったら、今度はこれを2つに分離して、パーシングルとグーシングルの指導に進んでいきます。

　テノデーシスによる背屈や掌屈には、練習や習得という概念はなく、これらは誰にでも自然に起こる動きです。練習者はまずパー（指を伸ばし開く）、グー（指を曲げ閉じる）という2つの指の動作だけに集中して練習すれば良いわけで、意識的に「手や腕を上げる・下げる」という動作をする必要はありません。つまり「手首を下に曲げながら指を開く」というような、同時に2つの操作を意識する必要はありません。これは初心者にとって非常にシンプルで分かりやすいメソードだと言えるでしょう。

　このようにして、ストロークの生成過程をたどるように、ひとつひとつの指の先行動作を理解しながらストロークを指導していきます。これによって練習者は「なぜそのストロークで、そのような動作をするのか？」ということがその都度理解でき、また先行動作と音色変化の関係も理解できるようになります。

コラム：無意識のグー

ニュートラルは、指の動きがなくストロークの機能がシンプルなため、子ども達の教育現場で導入しやすいと思われがちです。そして、いわゆる「フィンガーストローク（指を動かしてストロークすること）」は高度な技術であり初心者には難しい、だから初心者は指の動きは考えず、手や腕を動かしてストロークすれば良い、という考え方があるようです。また、多くの教育現場で語られる「バチを "自然" に柔らかく持ち "自然" に落とすストロークが良い」という漠然とした教えは、「"自然" ＝ナチュラル、中立的、リラックス、だから指は動かさないことが "自然" である」というイメージになり、逆に、「指を動かすことは "不自然" だ」というふうに発展し、結局、「指は使わない、動かさない、それが自然なストロークである」という考えを導きだしているようです。

しかし実際は、「自分はストロークのとき指は使わない、動かさない」と思っている人や、「手首を使って打ち、指は使わない」という教育を受けた人でも無意識に「グー」の動作をしているケースが非常に多い、つまり奏者の意識としては「指を動かしていない」と思っていても、実際にはかなりアバウトに指を動かしてストロークしていることが非常に多いのです。こうなる原因は、最初に「指を使わない＝指は不要である」と教育されることで、自分の指の形や動作について関心を持たなくなるからだと考えられるのです。

指を無意識に「グー」してしまう場合、左右のアタックや響きがそろわない、片方のバチが速く動かない、ロールが上手くできない、などのトラブルに繋がります。しかしこれらの原因が「無意識のグー」であることに、奏者自身が気がつくことは困難です。この理由は先述のように、自分の指の形や動作に関心を持たずに「指を動かしているか、動かしていない（停止させている）か」気がつくことはできないからです。

まず「パー、グー」の二つの動作を十分意識してトレーニングすることで、バチの操作が精密にできるようになっていきます。そして、指の動きを停止させる「ニュートラル」は、実は３つの先行動作の中で最も高度なテクニックであり、最後の最後に学ぶべきなのです。

本書で扱うストロークでは、指は常に「何かをしている」状態です。それらはパーをする、グーをする、そして「停止する（ニュートラル）」、であり、全ては意識的にコントロールされます。つまり指が何もしていない、指について何も意識をしない、という状態はありません。

既に述べたように、私たちがバチを持つときは必ず指がバチに触れます。これは避けて通ることはできません。そして指は打楽器奏者にとって最も敏感で精密なセンサーであり、高い機能を持つエンジンなのです。これを意識しない手はありません。

そして、子ども達への打楽器教育では初めから、指というセンサーを最大限意識して使うメソードを用いることこそが、彼らの感受性を刺激し豊かな創造力を育むことに繋がるのだと考えます。

❿ 手首の回転

▌手首の回転がもたらす影響

　私たちが打楽器を演奏するとき、無意識に手首を回転させてその向きを変化させる場面があります。そのとき指の形や先行動作の様子も同時に変化して音色に影響が出ることがあります。このメカニズムを理解していないと、思うようなフレーズ表現ができない、音がそろわないなど深刻なトラブルになることがあります。そのため、意図しない無意識な手首の回転は防ぐ必要があります。いっぽうで、手首の回転による影響をあらかじめ計算して、音色変化のテクニックとしてポジティブに活用することもできます。

　ここでは、手首の回転がテクニックにどのような影響を及ぼすのかを詳しく見ていきます。そして実際の演奏のなかで手首の回転をどのように利用すれば良いのか考えていきます。

▌手首の回転とは

　手首の回転による向きの変化は、解剖学的にはには「回内・回外」と呼ばれるものです。手の甲が上になっている状態が回内、手のひらが上になっている状態が回外です。これは、前腕にある尺骨と橈骨が交差して位置が入れ替わることによって、前腕と手が全体的に回旋する動きです。ですから手首の関節そのもので回転が起きているわけではありません。しかし私たちは日常的に「手首を回転させる」という表現を使っています。ですから、本書でもより平易に理解しやすいように「手首の回転」という表現を用いることにします。

回内と回外

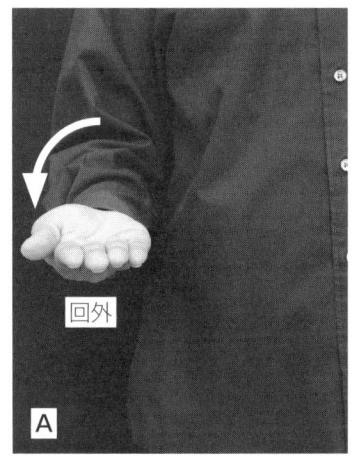

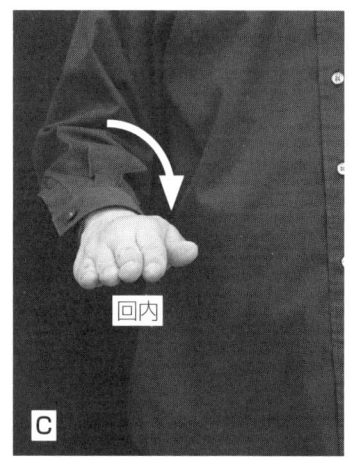

　ティンパニを演奏していてマレットが激しく横移動するときや、ドラムセットで忙しく手を左右に動かして叩くとき、またマルチパーカッションで素早くバチの横移動をする場合などで、無意識に手首が回転して向きが変化することがあります。（次ページ写真1，2）

写真１：ティンパニ演奏での手首の回転

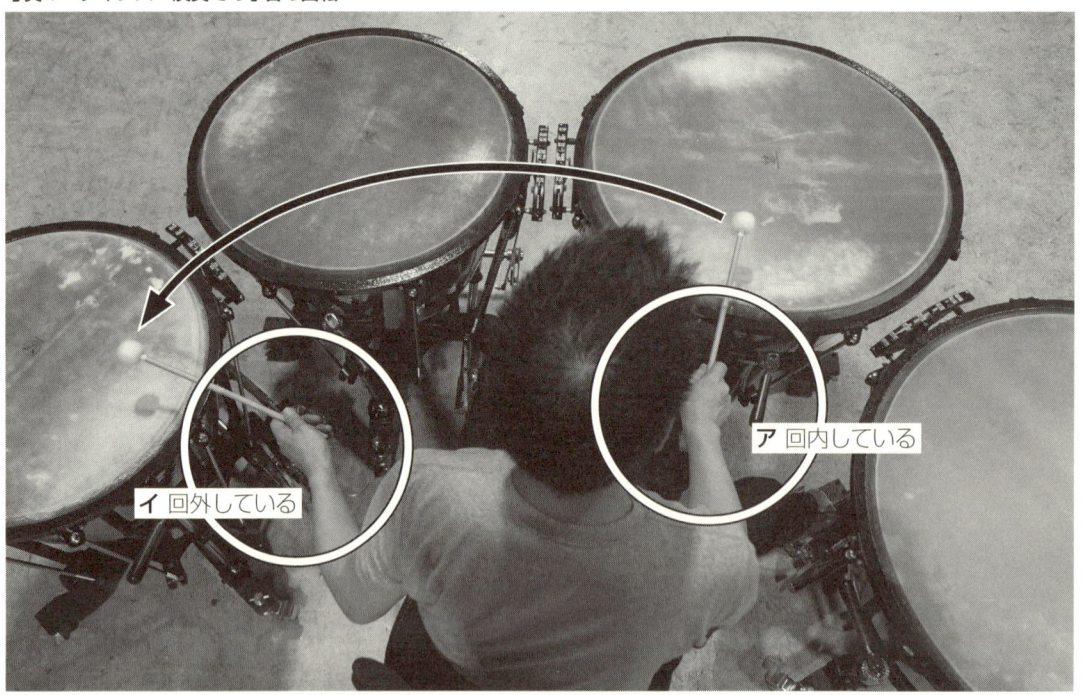

写真２：マルチパーカッションでの手首の回転

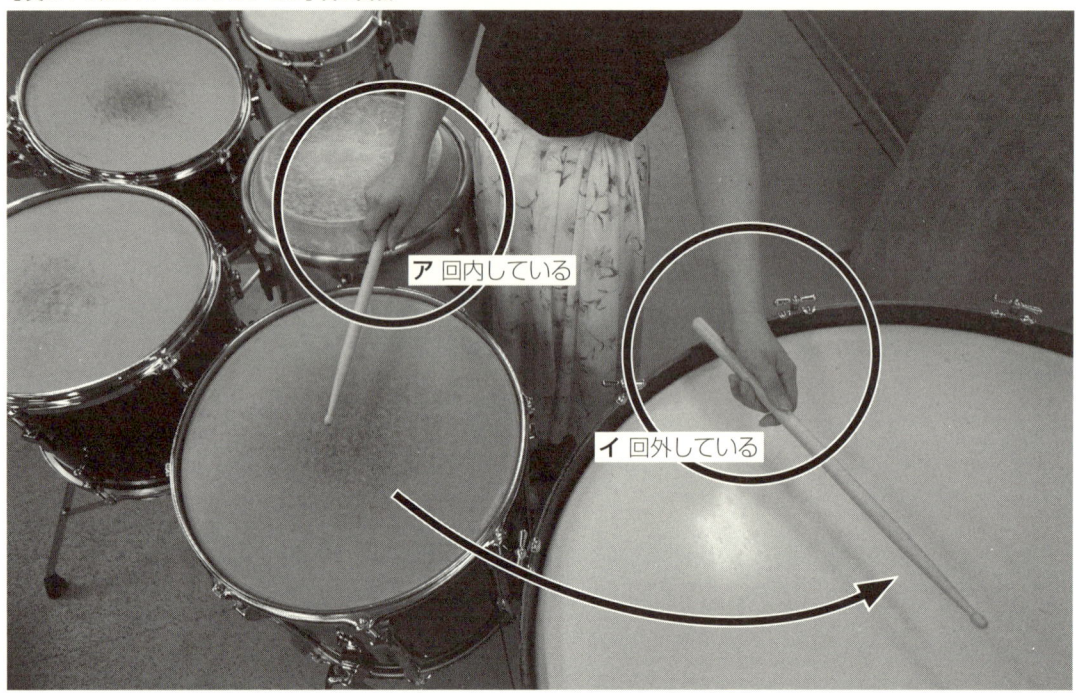

　写真の例から分かるように、実際の演奏における手首の回転は、前ページの写真「回内と回外」のＢとＣの範囲内で、Ａの状態になることはまずありません。従って、本書では手首の回転による向きの違いを以下のように呼びます。これは全て本書が新たに名付けるもので、親指の方向によって３つに分けました。

- 親指の向きが真横になる：サムサイド
- 親指の向きが真上になる：サムアップ
- サムサイドとサムアップの中間：サムミドル

手首の回転正面側面

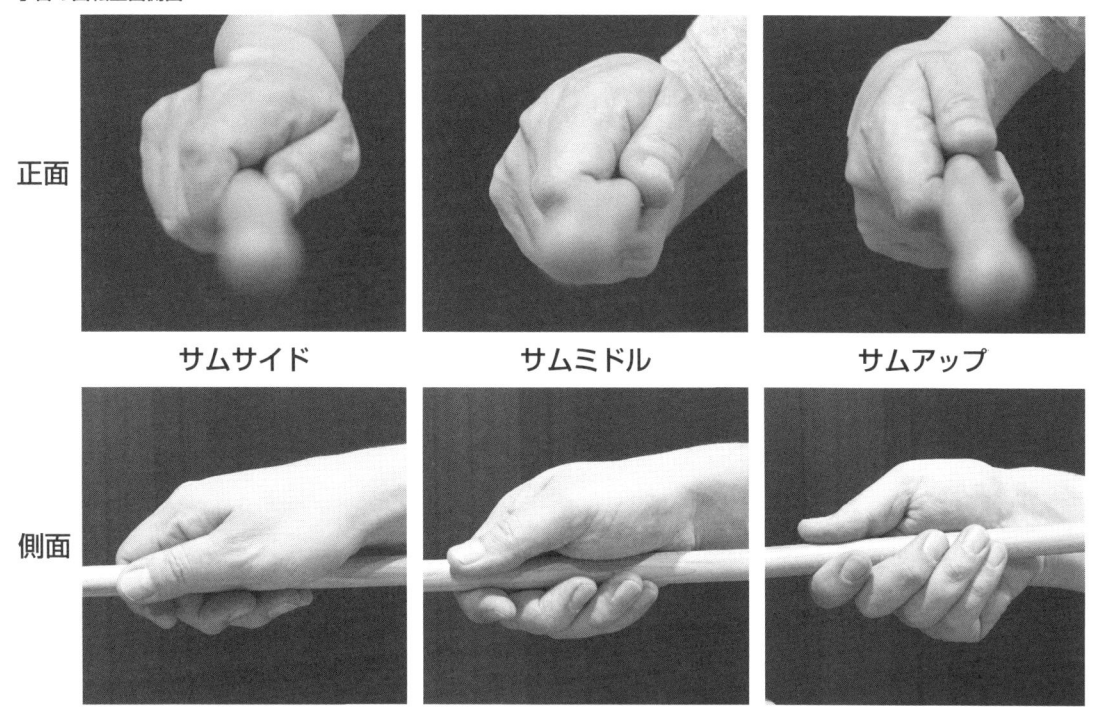

前出の写真1と2とも、アはサムサイド、イはサムアップ、ということになります。

手首の回転と音色変化のメカニズムを知る

演奏中に手首が無意識に回転する状況は、バチを横に移動する時に起こるということが分かりました。

では、手首が回転することによって、バチの動きに何が起きているのか見てみます。

クラシックグリップでバチを持ち、サムサイドで構え、DIP関節（第1関節）をしっかり曲げ指を強く閉じて背屈を起こすグーシングルでストロークしながら、手首を少しずつサムアップ方向に回転させていきます。手首の向きが変わっても、しっかり強くグーをしながらストロークします。

サムサイドの時は、グーをどれだけ強くしてもバチは上下に動きますから演奏に何も支障はありません。

ところが手首を回転させサムアップにして、同じようにグーをすると、バチは上下に動かないどころか横方向に動き出します。これでは演奏が成り立ちません。サムアップでバチを縦方向にスムーズに動かすためには、DIPを曲げるグーの動作はとても邪魔な存在なのです。

サムサイドでグーシングルをする

サムアップでグーシングルをする

　実際の演奏中に奏者は、サムアップになったとき邪魔になる指の形や先行動作を、無意識に変えてしまうのだと思います。それが音色に影響を及ぼすのだと考えられるのです。

　具体的には、サムサイドからサムアップにしたとき無意識に先行動作がグーからニュートラルに変化するため、バチの拘束力が緩み圧が弱くなるということが考えられます。また、サムアップにしたとき、背屈に影響が強いDIP関節を伸ばしてストロークする、という動作も無意識に行っているようです。この指の形だとグーの先行動作を行っても背屈が起きづらいため、バチは横には動かず上下に動きやすくなります。しかしDIP関節が伸びているため圧が弱くなります。これらの動作によってアタックがソフトになり、明るい響きになり、打感は穏やかでPR（プレイヤーズ・リバウンド）もほとんどなくなりストロークが軽く感じるようになる、と考えられるのです。

　そして、サムサイドのときに「背屈・掌屈」だった手の動き（手関節の曲がり方）が、サムアップになることで自然に「尺屈」と「撓屈」の方向に変わります。「尺屈」は手首を小指側に曲げる動き、「撓屈」は親指側に曲げる動きになります。これらの二つの動きは、背屈や掌屈のように指の先行動作に連動することはありません（尺屈・撓屈とテノデーシスの機能には関係がない）。尺屈と撓屈は、常に自分の意思で行う動きになります。

※指の関節についてはP66の図をご参照ください。

2種類の方向の手の動き

サムサイド　　　　　　　　　　サムアップ

背屈　　　　　　　　　　　　　　　　　　　　撓屈

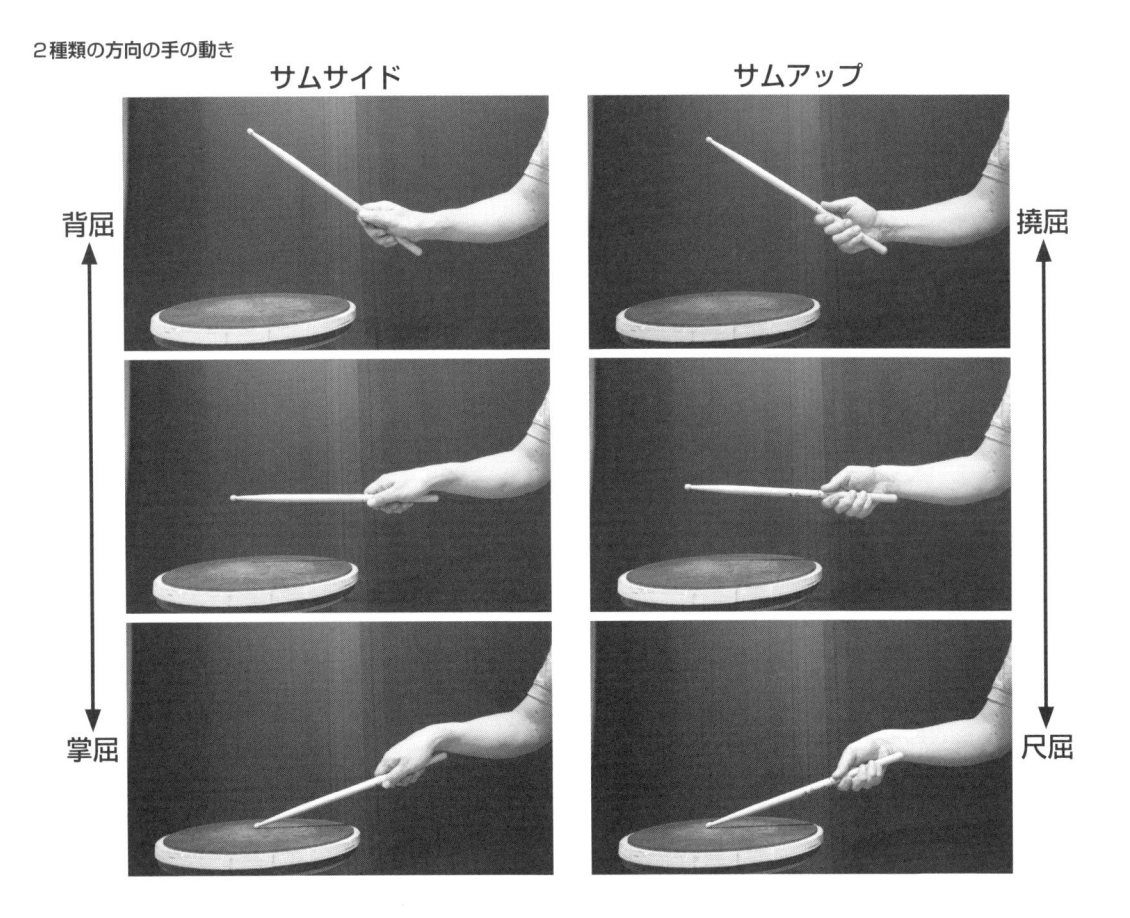

掌屈　　　　　　　　　　　　　　　　　　　　尺屈

　手首の回転と指の形や先行動作の変化は、上級者になればなるほど無意識に行っていると思います。感覚としては「手を回転させて親指を上にすると、なんとなくタッチがソフトになってバチも動きやすくなる」というように感じているでしょう。しかし実際は、「なんとなくソフトになっている」のではなく、「自分でソフトにしている」のです。すなわち手首の回転だけで音色変化をもたらしているのではないのです。

なぜ無意識に手首を回転させるのか？

　では、84ページの写真1や2のようにバチが横に移動する場面で、なぜ奏者は手首の回転をする必要があるのでしょうか？

　以下の要領で実際にバチの横移動を体験してみましょう。

　2つの打面を用意します。練習パッドでもスネアでも構いません。

1，自分の正面にひとつの打面を置き、もうひとつは自分の身体から30センチほど離した真横に置きます。

2，右手でクラシックグリップを使ってバチを持ち、サムサイドの向きにします。

3，以下の譜例1，を右手だけで演奏します。

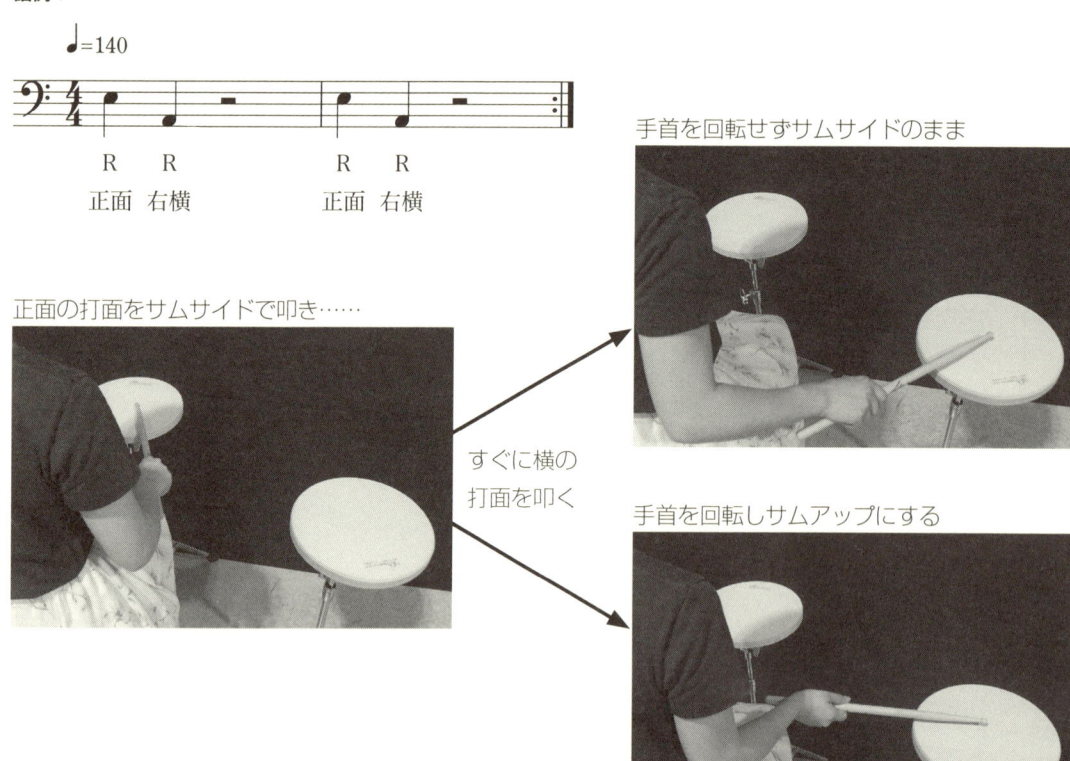

正面の打面をサムサイドで叩き……

すぐに横の打面を叩く

手首を回転せずサムサイドのまま

手首を回転しサムアップにする

　正面の打面を叩き、次に右横の打面を叩くためにバチを横に動かすとき、サムサイドのままだと腕やヒジが突っ張るような感覚になります。手首をサムアップ方向に回転させてから叩くと突っ張る感じはせず、楽に叩けます。この体験では実際に、特に意識しなくても自然に「正面を叩くとき：サムサイド」→「真横を叩くとき：サムアップ」という人が多いかと思います。

　このように、バチを大きく横移動させて演奏するときはほとんどの場合、手首が無意識に回転していると考えられます。これは私たちの身体構造に沿ったごく自然な動作なのです。

手首の回転とどう付き合う？

　ここまで見てきたように、バチの横移動に伴って手首は無意識に回転することで、音色や打感が変わります。しかし意図しない音色変化は安定した表現の妨げになりますから、対策を考えなければなりません。

　以下に具体的な例を挙げます。

　　ティンパニ演奏で、正面のティンパニをロールでクレッシェンドしてから、隣のティンパニやひとつ飛ばした端のティンパニを叩く「キメ」のとき、音が上手く決まらない
　　（譜例2）

譜例2

　これは上で行った、バチの横移動の体験と同じテーマで、ティンパニに限らずトムトムを数台並べて叩くような場面にも見られる典型的な例です。バチを正面→横に移動させるときは手首がもっとも無意識に回転します。サムサイドからサムアップになり、アタックが柔らかく変化してしまうため、思ったような「キメ」の音が出ないというわけです。具体的には、サムアップになりマレットに圧をかけないまま「キメ」を叩くため、倍音が多く不安定な響きが出てしまい、このため、「上手くキメができない」「音が割れてしまう」という状況になります。

　対策として、サムアップになってストロークする前に、指の形を強めて予めバチ圧を強め、アタックをしっかり出すことが考えられます。また、ヒジを大きく外に開きながら手首が回転しないように叩くテクニックもあります。これは、手首をサムサイドに保つためアタックが出しやすいという他に、ヒジを外に開く瞬間的動作によってヒジや前腕の重さがマレットにかかる（マレットに瞬間的な強い圧がかかる）ため、アタックが強くなるのだと考えられます。ただし前述したように、サムサイドのままバチを外側に移動させると腕やヒジに負荷がかかるので、無理のない範囲で行う事が大切です。いずれの場合もあらかじめ手首の回転を予測しテクニックを考えておくことで、狙った音色で正確な表現ができます。

　この他にもさまざまな例が考えられます。実際の演奏現場では、「いつも打面はひとつでそれはいつも自分の正面にある」という平穏な状況はほとんどありません。特にプロの打楽器奏者はバチの横移動と手首の回転というダイナミックな状況と常に向き合いながら、安定したフレーズを提供しなければなりません。たとえば初見の仕事であれば、その状況は突然やってきます。日頃から自分の手首の動きの特徴やクセを把握してテクニックを磨き、あらゆる場面に対する想像力を働かせておくことが重要なのです。

ドラムのセッティングと手首の回転

　ドラムセットで見られる伝統的なセッティングによる演奏では、ハイハットを右手で刻みながらスネアドラムのアクセントを左手で叩く、というプレイをします。このとき右手（または右スティック）が左手（または左スティック）の上を交差することになります。これは「クロスハンド」と呼ばれるものです。左右が交差しない通常の奏法は「オープンハンド」と呼ばれています。実は、このドラムセットの伝統的なセッティングと、クロスハンドなどのスタイルや手順*には、今まで説明した手首の回転による音色変化を十分知り尽くした奥義が隠されてい

る、と本書は考えます。

　実際のドラム演奏の様子を再現しながらこれを説明していきます。

※打楽器演奏における左右のストロークの順番、すなわち左右の手を動かす順番のこと。手順は常に左右交互の順になるとは限らず、フレーズによって異なり、ときに非常に複雑になる。

　譜例の1小節目〜4小節目ではハイハットを刻みながらスネアを2, 4拍に入れるパターン「8ビート（エイトビート）」を演奏することにします。8ビートはドラムセットが得意とする、もっともドラムらしいパターンです。

　このとき手順は、ハイハットは右スティックで叩き、スネアは左スティックで叩く、というものが一般的なので、両方のスティックがクロスする「クロスハンド」の形になります。このクロスハンドの姿勢によって両手がサムサイドの形をとりやすくなります。サムサイドの形になれば当然、グーの先行動作を駆使することができるので、アタックが強くシャープな音色が出せるようになります。

　また、クロスハンドはヒジを広げることも楽なので、それによってヒジの重さをバチに加えることもできると考えられます。これはすなわち、ハイハットもスネアもキレのよいクリアなアタックでかつボリュームも出して長時間一定の状態をキープできる、という条件です。

　このように8ビートのシンプルプレイでクロスプレイの姿勢を取る人は非常に多いと思いますが、「クロスプレイはスネアにパワーがでない」「クロスプレイは身体に不自然」という話を聞くことがあります。確かに、なぜハイハットとスネアを叩くときにわざわざスティックや腕を交差するのか？　という疑問がありそうです。しかしお分かりのように、実はクロスプレイは身体に負担の無い姿勢であり、往年の名ドラマー達がそのプレイの中で編み出した合理的な姿勢なのだ、と考えることができるのです。（写真1）

写真1 クロスハンド
ライドシンバル
スネアドラム
ハイハット
サムサイド
サムサイド

　さて、譜例の5小節目からは、ハイハットを叩いていた右スティックをライドシンバルに持って行きます。ライドシンバルは通常奏者の右横上に配置します。スネアはそのまま左手で叩き続けるため、ここで両手はクロスせず、オープンハンドになります。すると、ライドシンバルを叩く右手首は自然に外側に回転してサムアップになります。バチに圧がかかりにくくなるためアタックが柔らかくなり、ライドシンバルからメロウで広がりのあるサウンドを出すことができます。スネアは変わらずサムアップでインパクトあるショットをキープしています。

　このオープンハンドの形は、ジャズのシンバルレガートが演奏しやすい姿勢でもあります。（写真2）

写真2 オープンハンド
ライドシンバル
スネアドラム
ハイハット
サムアップ
サムサイド

では、8ビートの最後のキメとして、最後の小節で右上方にあるクラッシュシンバルを、右スティックで一発叩きます。このとき右腕はスネアを叩く左手の上を大きく飛び越えるような、ダイナミックな動きをします。そして右手首は、サムアップから一気に左回転してサムサイドになり、クラッシュシンバルに当たります。このときグーの先行動作によってバチに強い圧をかけます。キック（バスドラム）とともにインパクトあるシンバルの強いアタックが表現され、曲はカッコよくキマリました。（写真3）

写真3
クラッシュシンバル
サムサイド
サムサイド

　これは、ごく典型的なドラムセット演奏のワンシーンなのですが、ストロークテクニックというテーマで詳細に観察して分析してみると、実に合理的な奏法であることが分かってきます。
　現代のドラム演奏にはさまざまなスタイルがあり、ハイハットとスネアをクロスハンドではなくオープンハンドで演奏するプレーヤーもたくさん居ます。これはある意味伝統に縛られない自由なスタイルであり、ドラムセットのクリエイティブな可能性を開拓する素晴らしい姿勢だと感じます。また、身体に合わせて手首を自然に回転させて叩きながら、ヒジをフレキシブルに開きバチに適宜重さ（圧）をかけて、自由なアタックをつけたフレーズ表現をしているドラマーも居ます。このようなプレイは音色の素晴らしさもさることながら、その躍動的な動きは強いビジュアルインパクトがあり、個性が光ります。

※ドラムセットは、ドラマーが左利きの場合は上記と左右が逆のセッティングになることがあり、その場合は手順も左右逆になります。またティンパニは国によっては並び方が異なります。本書では右利き用のドラムセット、ドイツスタイルのティンパニの並び（奏者から見た右側に大きいティンパニを置く）を前提にしています。

セッティングと手順を考える

マルチパーカッションのセッティングは、先のドラムセットのように一定の法則性があるわけではないため非常に自由です。しかしこれは、全て常に奏者自身がゼロから考えて管理しなければならない、ということを意味します。

セッティングは、単に「叩きやすい楽器の並べ方」をすればよいわけではなく、そのフレーズ表現にとって最適であるかということを常に考える必要があります。そのことと強い関係があるのが、手順です。

「打楽器演奏において手順を考える」ということの本質的な意味は「演奏におけるバチの移動とそれによって生じる音色変化を管理する」ということであると言えます。バチの移動を管理するとはすなわち腕の移動に他ならず、それに伴う手首の回転を想像し音色変化を考える、というひとつの大きな流れが見えてきます。

具体的には、そのセッティングとその手順によってどのような腕の動きが生じて手首がどう回転するのか（またはしないのか）、という想像をして、そこで指の形や先行動作によってどのようなテクニックの補正ができるのかを考える、という作業だと言えるでしょう。たとえば右→左→右→左という単純な交互の手順の中にバチの大きな横移動が含まれていれば、それが何を引き起こすのかを想像して考える、というような作業です。

このようにセッティングと手順を考えるとは、いくつもの要素を組み合わせて考える非常に複雑で難儀な作業であり、しかしとてもクリエイティブで楽しい作業であるとも言えるのです。

よりダイナミックな表現へ

手首の回転は、音色にとってもテクニックにとっても、そして身体の動きにとっても非常に強い影響力があります。これを理解して積極的に利用することで、腕を含む身体の動きをダイナミックなストローク動作として表現しながら、指の形や先行動作によるバランスの取れた理性的なフレーズを聴かせる、という立体感あふれる総合的な表現が可能になっていくのだと考えます。

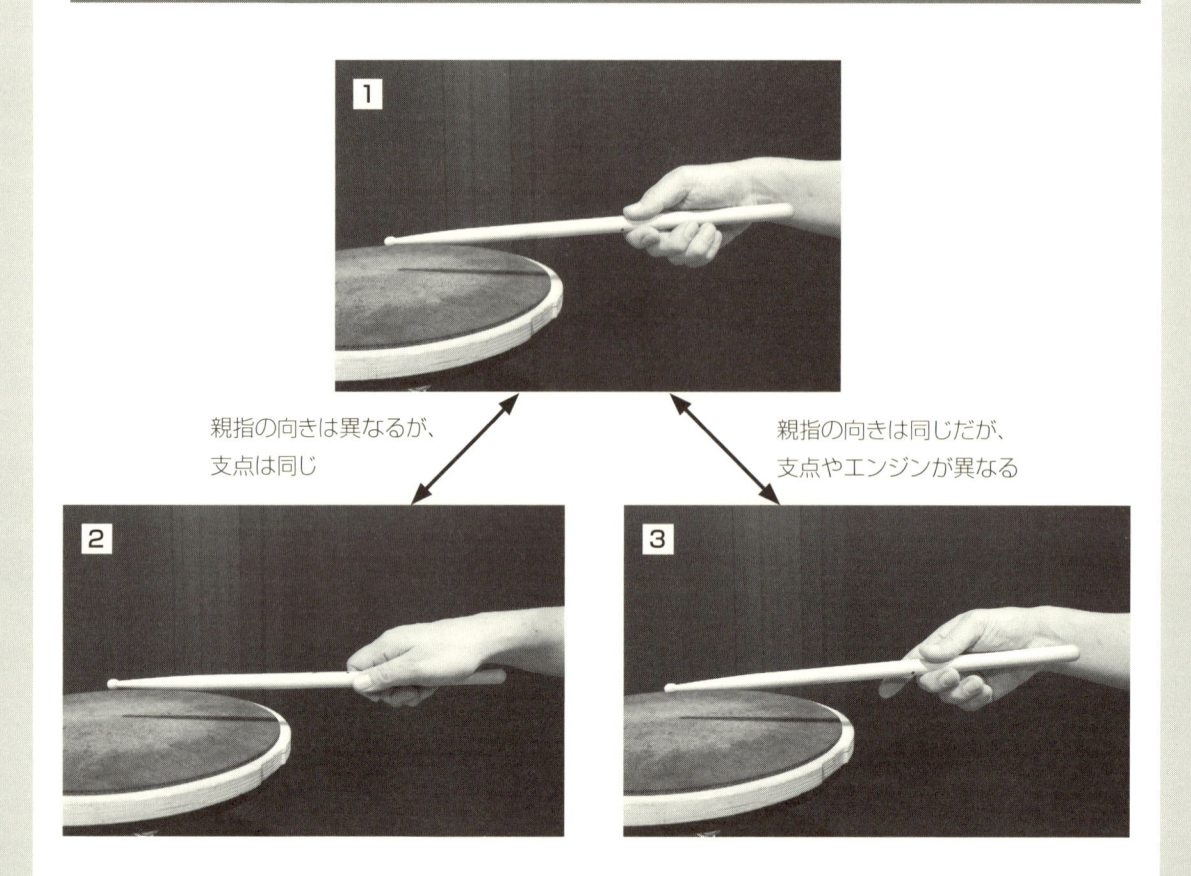

親指の向きは異なるが、
支点は同じ

親指の向きは同じだが、
支点やエンジンが異なる

　写真1（サムアップ）と写真2（サムサイド）は、手首が回転し親指の向きが変わるので異なるグリップだとされることがあるようです。しかし、グリップは「バチに支点とエンジンを設置して機能させるための方法論である」という本書の考えにもとづくと、支点やエンジンが同じ（支点やエンジンを担う指が同じ）ならば、それは同じグリップになります。写真1と2は両方ともクラシックグリップで、手首の回転によって単に向きが異なっているだけです。逆に、たとえば同じサムアップであっても支点やエンジンが異なるならば、それは異なるグリップだと言うことができます。(写真1と3。写真3はハイブリッドグリップでサムアップの状態)

11 ストロークシステムを導き出す

　ここまで、「指の形」と「指の先行動作」という2つの要素を活かしたテクニックでバチを動かし、音色をコントロールしてきました。そして、手首が回転することでそのコントロールの状態がさらに変化する、という流れを見てきました。

　第2部の最後に、この流れから、ひとつのストロークシステムを導き出します。

自由な過程

　バチで打楽器を演奏するときは誰しも、まずバチを持ってグリップの様子を確認してからストロークを始めると思います。本書でも、グリップを機能させるために重要な「指の形」を最初に考えることにします。指の形が決まったら、それをどう動かすかという「指の先行動作」を決めます。

　ここで疑問になるのは、「指の形の強弱を変えることと、先行動作を変えることは、どちらの考え方も似たようなものだと思える。ならば、どちらの要素をどう調整してどう使うかはあまり関係無く、結局、結果だけが大切なのか？」ということです。確かに、たとえば「指の形をいちばん強くする」と、「いちばん強いグーでストロークする」は、場合によっては同じ意味を表し同じ結果を生むことは大いにありえます。

図1

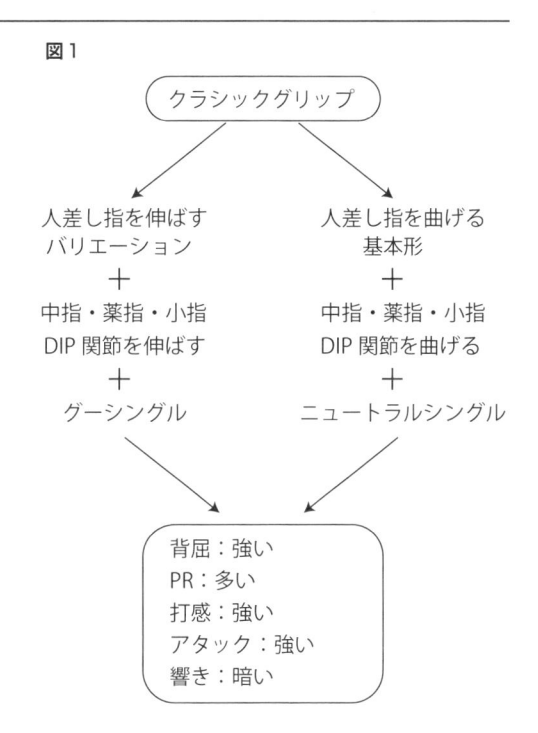

図1は、同じグリップで持ってから、2つの道筋に分かれたものを示しています。2つは指の形や先行動作などの組み合わせが異なっていますが、結果は似たようなものになる可能性があるという例です。ただし、実際常にこの例と同じ結果になるということではありません。「このような自由な考え方を持っていてもよい」ということを主張したいのです。

　打楽器奏者をとりまく状況は常に複雑です。「オケなのか、吹奏楽なのか、そして何の曲なのか、どんなバチなのか、そしてそもそも、何の打楽器を演奏するのか……？」おそらくひとつとして同じ状況にはなりません。状況が違っても指揮者や他のメンバーから同じ音色を求められれば、私たちはその音色を正確に再現して提供しなければなりません。とはいえ、求められているのは結果だけであり、その過程は問われません。つまり状況によらず、音色を生み出す過程は常に完全に自由なのです。

さて、指の形と先行動作によって生み出されたものは、ストロークシステムの原型のようなものであると考えます。ここに、演奏現場における手首の回転という条件が加わることで、原型はより複雑に変化し発展していくわけです。これが、本書が考えるストロークシステムの全体の流れです。

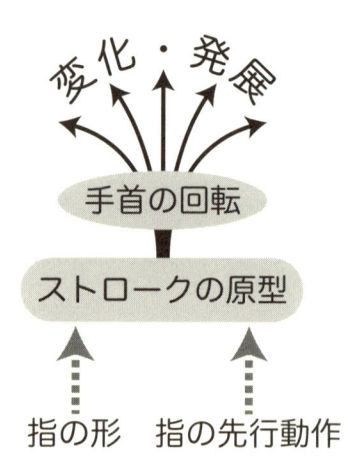

ストロークシステム

シンプルなメソードへ

本書では、メソードは常に具体的で客観的であるべきだという考えのもと、ストロークシステムを構築してきました。

まず、バチを持つ指の振る舞いと音色変化を論理的に結びつけました。これは、今まで観念的だった「打楽器の音色はどのように変化するのか」というテーマについてより具体的な議論を促し、「ストロークをシステム化する」という新たな考え方を提案するものです。

そして、バチを持つ指の振る舞いが引き起こす身体の現象「テノデーシス」を突き止め、この現象とバチの振る舞いや音色変化との詳しい関係と、手首の回転による影響についてまとめました。これが、本書が主張するストロークシステムの本体です。

また、バチを持つ指が捉える打感の重要性について考えました。これは、指の振る舞いに連動する身体やバチのエネルギーを感じ取ること、すなわちストロークシステムを使って奏者が作り出す躍動を、奏者自身が感じ取ることの重要性と、その喜びを主張するものです。

本書のストロークシステムの最大の特徴は、これまで何度も述べてきたように「全てのストロークは指から始まり指に戻る」という、きわめてシンプルな考え方です。これによって今後、打楽器演奏の技術がより具体的に捉えられ、それらが指導現場や演奏現場でさまざまに運用され評価されていくことで、打楽器演奏の世界全体が高まっていくことを望んでいます。そして、打楽器演奏というものが各方面からより客観的に評価され理解されていくことを、心から望んでいます。

これで、ストロークシステムの全体を導き出すことができました。

以降の「12. ティンパニ演奏の状況」「13. フレーズトレーニング」では、これを踏まえて、実際の演奏現場や普段のトレーニングにおいて有効となる具体的なテクニックについて考えて行きます。

第三部

ストロークシステムを実践する

　第三部では、実際の演奏現場においてストロークシステムがどのように生かされるのか考えていきます。また普段の練習や教育指導のための教材作りに役立つトレーニングメニューも考えていきます。

　まず、数ある打楽器の中で演奏中の状況がもっとも大きく変化するティンパニの演奏を取り上げます。ストロークの際にマレットの激しい横移動を伴い、また打面の張力もダイナミックに変わるティンパニの演奏現場において、ストロークシステムがどのように役立つのか具体的に考えます。

　そして3つの指の先行動作「パー、グー、ニュートラル」を使い分けてフレーズを表現するトレーニングを実践します。これは、「アクセント＝大きく強い音、それ以外の音＝小さく弱い音」という概念とは異なるもので、本書が先駆けて提案する、新しい立体的なフレージングの考え方によるものです。

12 ティンパニ演奏の状況

　ティンパニ演奏ではペダリングや激しいマレット移動などダイナミックな身体動作を伴います。また打面の張力も頻繁に変わるため、演奏中の状況がもっとも大きく変化する楽器だと言えます。このことを理解し、実際のティンパニ演奏でどのようなテクニックが有効になるのか、ストロークシステムを使いながら考えていきます。

技術的な状況とテクニック

　現代のティンパニ奏者は、数台の異なるサイズのティンパニを並べて演奏します。それぞれのサイズのティンパニは打面張力が異なるため、同じテクニックでストロークしてもマレットのリバウンドが大きく異なります。また同じティンパニでもペダル操作によって打面張力（打面のピッチ）が変わり、リバウンドが変わります。また音楽の場面に応じてマレットの持ち替えも発生しますが、当然これによってもリバウンドが変わります。打面の手前側や奥側を使い分けて多彩な音色を表現することも行いますが、このように打点（打つ場所）を変えればリバウンドも異なります。

　さらに、同じ場所を同じマレットで同じようにストロークしても、打面の不安定な振動によりマレットがイレギュラーにリバウンドすることがあります。このため、単純なリズムで音の粒がそろわないなどのトラブルが起きやすくなります。

ティンパニの打面、打撃条件の変化

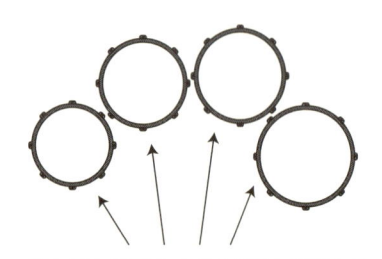

それぞれ打面の大きさと張力が異なる

ペダル操作による張力変化

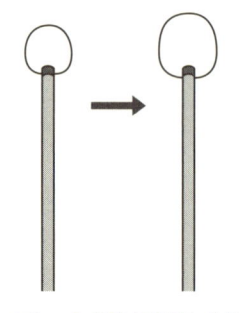

マレットの持ち変えによる
リバウンドの変化

打点の変化によるリバウンドの変化

イレギュラーなリバウンド

　このようにティンパニ奏者は、常に変化する打面のもとでさまざまなリバウンドの状況と対峙（たいじ）しながらストロークをしています。そのため、状況が変化しても直ぐに対応できる柔軟で幅広いテクニックを身に付ける必要があります。

音楽的な状況とテクニック

　ティンパニ演奏におけるストロークは伝統的にシングルストローク（1回のストロークで1回の発音をする）のみが用いられるため、単一のテクニックだけで演奏する楽器だと思われがちです。しかし、現代の進化したティンパニが持つダイナミックな音色の幅を考えれば、リズムもロールも全て同じテクニックでアプローチすることは、その特性を活かしているとは言えません。（41ページ　コラム「「音色の幅」とはなにか」参照）たとえば、オーケストラや吹奏楽で演奏される楽曲の多くは基本的に、ロール（トレモロ）では和声を支える豊かで柔らかい音色が求められ、反対にリズム表現ではクリアなアタックとシャープな音色が求められます。

　このためティンパニストは楽器の響きを十分に引き出したり、または反対に強く抑制したりするテクニックを使い、ロールとリズムの音色を区別して演奏する能力が求められます。そしてもちろん、このような区別は一定の数値で表せるような単純なものではありません。音楽の場面によって常に多様な音色が要求されるわけです。

　このように現代のティンパニは、シングルストロークのみを使って演奏するという伝統的奏法を守りながら、さまざまな音楽の場面が求める多様な音色を表現することで、その個性と実力が十分に発揮されるのです。数ある打楽器の中で、これほどストローク技術がシンプルでありながら、これほど音色とテクニックの幅が広く複雑な楽器は、ティンパニだけではないでしょうか。

ロール演奏とリズム演奏

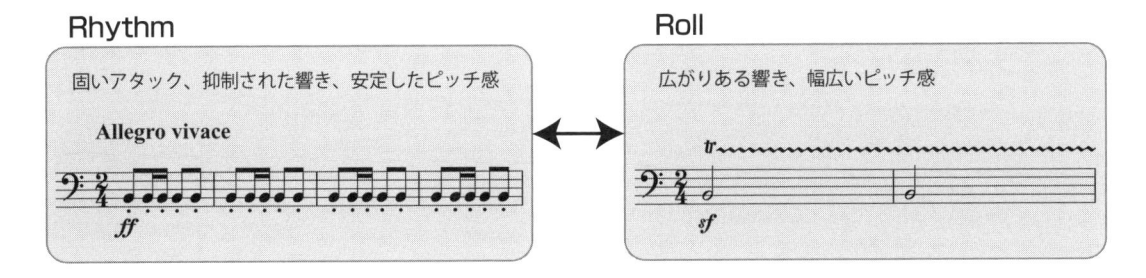

　さまざまに変化する打面の状況に対応して最適なストロークを行い、さまざまに変化する音楽の場面に対応し高い表現をするためには、ストロークシステムについての基本的な理解が必要になります。

　ここでは、ティンパニ演奏にもっとも適したハイブリッドグリップを使い、マレットの圧を変化させて音色を変化させるテクニックの具体的な例を示します。

　まず、ハイブリッドグリップの確認をします。中指と親指で支点を作ったら、必要以上の力は入れずにリラックスさせます。人さし指の形は、テノデーシスをコントロールし PR や打感や音色に大きく影響するため、非常に重要です。最初はシャフトにごく軽く触れながら、軽く伸ばす形にしておきます。これが「指の基本形」です。

ハイブリッドグリップ

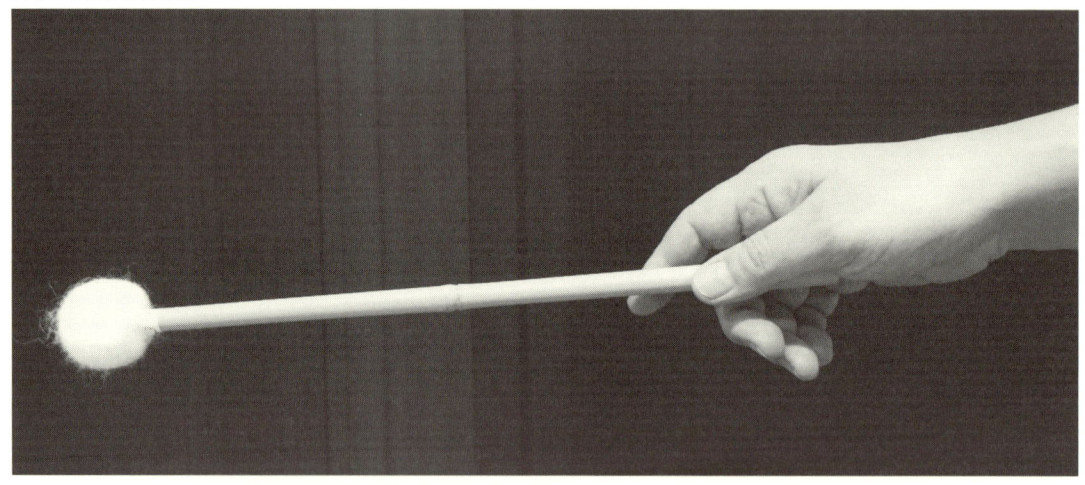

　大音量や激しい横移動で強い遠心力がかかると、特に支点を作っている親指に大きな力を入れたくなりますが、それをがまんして、グリップゴムにひっかかる親指の感覚を信頼してマレットを振り続けることが大切になります。このトレーニングを積むことで、支点の感覚とエンジンの感覚を次第に分離させていくことができるようになります。

　ではこの基本形をもとに、バチ圧が異なる2種類のテクニックを作り、それらでストロークして音色の変化やマレットの操作性を比較します。また、実際の楽曲において2つのテクニックがどのように使われるのか例を挙げて説明します。

1，圧が弱い

圧が弱い

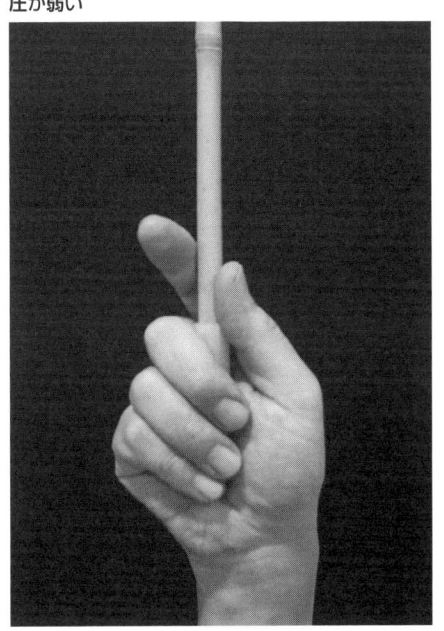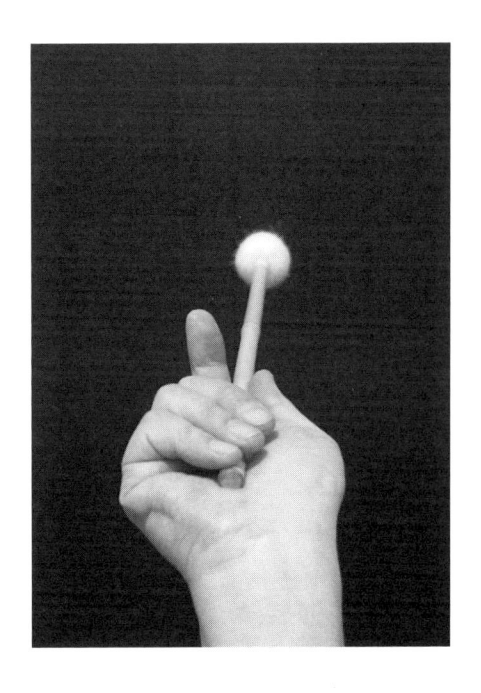

　中指〜小指の指の腹でシャフトを押してグーシングルでストロークします。指の腹でシャフトに触ろうとすると、指の DIP 関節（第一関節）が自然に伸びやすくなり、背屈が抑えられます。このため PR は少なく、打感は柔らかくなります。ただし打面のテンションが緩い場面では、PR が少ないのでマレットが上まで戻ってくる感覚が乏しく、速い連打は難しくなります。人さし指をしっかり伸ばすと PR はさらに少なくなります。

　この指の形は、マレットを拘束する力が弱く、アタックの瞬間にエンジンの指がシャフトから離れやすいため、マレットに手や腕の重さがかからない、すなわち圧が弱くなると考えられます。これにより竹シャフトの自由な振動を保ったままストロークすることが可能です。また、ティンパニがもともと持つ複雑な倍音がじゅうぶんに引き出され、非常に明るい音色が実現します。ただし見方を変えれば、激しい音割れや、アタックの後で音が広がるなど不安定な響きが起きやすい、と言うことになります。目立つソロの1打などで不用意にこのテクニックを使うと、ピッチが不安定で主体性のないあいまいな表現になってしまいます。

　しかしロールの場合は逆にこの音響的な特徴が音楽表現上の大きな利点になります。不安定なピッチ＝（転じて）倍音が豊かで幅の広いピッチ感が得られれば、オーケストラ全体を包むダイナミックなロールの響きを大音量で表現することができます。また硬いフランネル[※注1]など本来ロール向きではないマレットを使っても響きを繋げやすく、音楽性あふれるロール表現が可能になります。

　■音色の言葉イメージ：開いた、広がる、明るい、柔らかい、あいまいな、不安定

演奏の例

M.ラヴェル：バレエ音楽「ダフニスとクロエ」第二組曲より　「夜明け」の場面

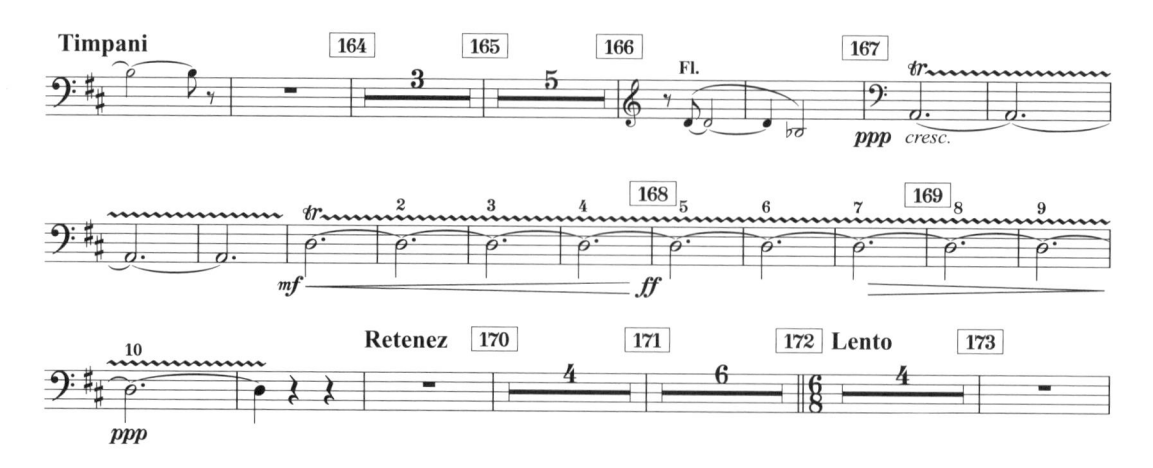

　練習番号168番がこの場面のクライマックスです。ティンパニのロールが168番に向けてクレッシェンドしていく目的は、単にティンパニの連打の音を大きくしてオケの音量を上げるためだけではなく、ロール奏法による倍音の表現によりオケ全体の倍音を増大させ広がりある音響を作り出し、それによって光り輝く壮大なクライマックスを創出するためだと考えられます。つまりティンパニのロールはここでは音楽の情動表現もさることながら、「倍音を駆使した音響効果による演出」という重要な役割を持っていると言うことができます。

　このクライマックスでは、同時にサスペンドシンバル（スタンドに吊したシンバル）のロールも長いクレッシェンドで鳴らされてオケの倍音（響き）は最大限に達しますが、これは「管弦楽法の魔術師」と称されるラヴェルならではの、シンプルな構成で最高の効果をもたらすオーケストレーションの技であると言うことができるでしょう。

　この場面でティンパニストは、圧を最大限に弱めマレットの振り幅を最大にして、アタックを隠し巨大な響きだけでオケを包み込む技術が求められます。また技術力のみならず、オケ全体の響きに対する繊細な感性と高い音楽的センスも求められるのです。

2，圧が強い

圧が強い

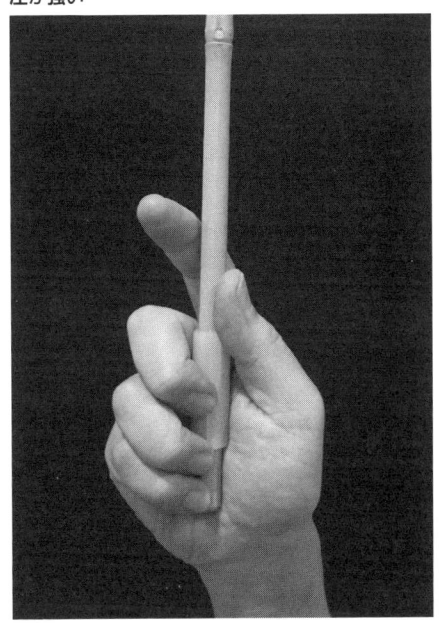

　中指、薬指、小指の先端でシャフトを突くような動作で、グーシングルでストロークします。すると指の DIP 関節が曲がりやすくなり、背屈が強く起きます。

　指先でマレットを操作するため打面の反応を繊細にダイレクトに感じ取ることができます。打感はとてもシャープで明確、PR も多く打感も強くなります。また発展型として人さし指の DIP を曲げれば、非常に鋭い打感と「躍動感あるマレットの跳ね返り」を感じながら演奏することができます。支点とエンジンの指の力バランスを考え、よくトレーニングを積めば、アタックを強調したスピードストロークを実現することも可能です。

　このバリエーションは、1 と比べると指とシャフトがより密接にコンタクトするため、マレットに手や腕の重さがかかる、すなわちマレットの圧が強くなると考えられます。アタックの瞬間にエンジンの指がシャフトに触れていれば、圧は最大になります。これによりシャフトの振動が抑えられてティンパニの鳴りが抑制され、倍音が少ないサウンドになります。このため、1 と比べるとアタックのあと音が広がらずストレートに減衰していきます。またマレットの厚いフェルトを十分圧縮することができるため、マレットヘッドの質感を「アタックの個性」として強く際立たせることができます。このため、柔らかいフェルトマレットでもクリアな音の粒立ちを実現できます。これにより、合奏全体のフレーズの輪郭をよりクリアなものにすることができます。ただしロール表現でこのテクニックを使うと、響きが乏しくアタックが目立ついわゆる「ドコドコ」というようなロールになってしまうため、注意が必要です。

　■音色の言葉イメージ：ハッキリした、シャープな、セッコ、まとまった、暗い

演奏の例

ブラームス：交響曲第4番　第3楽章

Pauken　　　　　　　　　　　　　Ⅲ

　単音やリズムにスタカート記号が付いています。これらは非常にクリアなアタックで演奏され、躍動感あるフレーズとして表現されることが求められます。

　2つのテクニックの違いによって対極的な音色が生み出されました。これを整理して非常に単純に表現すると、以下のようになります。

- マレットの圧を弱くすれば柔らかく響く、これがロールの音色である
- マレットの圧を強くすればシャープなアタックが出る、これがリズムのための音色である

　初心者にティンパニを指導する際は、このように、「2つの明確に異なる音色によってティンパニの演奏が成り立つ」と示すとメソードはシンプルになり、理解度が高まると考えます。

　さて、では実際の演奏現場で常に上の2つの例のように音色が整然と区別されるのか？　というと、もちろんそうではありません。音色は音楽の場面によって常に複雑に移り変わるわけで、その様子を全て論理的に示すことは不可能です。またテクニックについても、常にグーシングルだけが明確に使われるわけではありません。打面のテンションによっては、パーやニュートラルの要素も混ざった非常に複雑なテクニックが使われ、それらによる立体的な音色表現がなされることになります。

　以下に、「リズム」の連続でありながら音色が劇的に変化する例を、ベートーヴェン：交響曲第5番の、3楽章から4楽章に移る場面を使って説明します。

ベートーヴェン：交響曲第5番「運命」より　第3楽章後半〜第4楽章冒頭

IV.

混沌とした暗闇の中（3楽章）から一気に勝利のファンファーレ（4楽章）に移行する、有名な場面です。

・365小節目まで続くティンパニの4分音符は暗い音色であるが客席にはっきり通るアタックが必要です。（暗い音色・アタック）**奏法**：エンジンの指や人さし指のDIPを曲げて圧をかける、など

・366小節目から8小節間ティンパニは8分音符を奏しますが、このとき弦楽器も8分音符の刻みになり、管楽器のハーモニーが重なっていくことでオケの響きが一気に増すことになります。ここでティンパニはアタックを減らし倍音を増やして明るく開いた音色に移行させ、オケ全体の響きを限りなく増大させることに貢献します。（4分音符：暗い音色・アタック→→8分音符：明るく開いた響き）**奏法**：エンジンの指や人さし指のDIPを徐々に伸ばして圧を弱めていく、エンジンの指を減らしていく、など

・4楽章冒頭で突然勝利のファンファーレが鳴り響きます。ティンパニは、それまでの響きの増大を全て打ち消し、このファンファーレと共に絶対的な存在のリズムを表現します。（非常にクリアで強いアタック）**奏法**：エンジンや人さし指のDIPを強く曲げる、エンジン全ての指で強く握る、など

ティンパニの音符だけをただ観察するとシンプルに見えますが、この場面をドラマティックに演奏するためには、音色表現を複雑に織り交ぜ演出する巧みな「仕掛け」とそれを実現するテクニックが必要となります。

マレットの横移動と手首の回転

ティンパニは太鼓類の中でも打面のサイズが大きく、それを複数台並べて叩くため、ときにマレットの激しい横移動が要求されます。このとき手首は自然に回転するため音色変化が起きることになります。ティンパニ奏者はこのメカニズムをじゅうぶん理解し、手首や腕やヒジを精密に連動させながら、音楽の場面に適した音色で演奏することがきわめて重要です。マレット移動に伴う手首の回転によって実際のティンパニ演奏にどのような影響が出るのか見ながら、理想的な演奏をするためのテクニックについて考えて行きます。

左右交互ストロークとマレット横移動

左右交互にストロークしながらマレットを横に移動させる方法は、ティンパニ演奏で頻繁に登場するスタンダードなテクニックです。手首の回転による音色変化のメカニズムをよく理解した上でマレット移動を行えば、シンプルなフレーズでも表現の幅が広くなります。

実際の楽曲の例を取り上げます。

Etüde Nr. 45

F.Krüger

　下から順番に、G、C、D、Eとティンパニをチューニングして演奏します。冒頭〜3小節目と8〜11小節目では、両手交互に1台ずつティンパニを叩きながらマレットをゆっくり横移動させることになります。

　このとき二つの表現方法が考えられます。

1，各ティンパニでマレットの圧を全て同じようにかけて、同じアタックと響きによる安定したフレーズとして表現する→響きの安定感を主張する

　マレットを移動するとき手首の向きが変わらないようにします。真ん中のC音とD音を叩くときの手首の向きをよく観察して、G音もE音もそれと同じ手首の向き（サムサイド〜サムミドル）で叩くようにコントロールします。特にE音のティンパニを叩くときに手首が外に回転しサムアップにならないよう気をつけます。これにより4つの音で圧をそろえることができるため、アタックと響きの条件がそろってきます。

　非常にゆっくり練習して、手首の様子を観察します。そして、ヒジの動きをよく管理して手首の回転（サムアップ）を抑制してアタックと響きをそろえます。全体に倍音が少ないため音色が暗くなり、いわゆる「音が硬い」という印象になりますが、各ティンパニの音色がそろいやすく安定したフレーズ表現が可能です。

2，各ティンパニでマレットの圧を変えることによりアタックと響きをグラデーションで変化させ、抑揚を強調したフレーズを表現する→響きの変化を主張する

　マレット移動のとき積極的に手首の回転を利用する方法です。冒頭、G，C，D音の上行型は圧を強→弱に減らしながらクレッシェンド、E音で最も圧を減らした状態、次のD，C音の下降形は圧を弱→強に増やしながらディミヌエンドします。マレットの横移動に合わせ自然に手首が回転するので、その邪魔をしないように、ヒジや腕の動作に注意をします。E音のときにもっともサムアップになるように手首の回転を調整します。

　これによって、スケールの上行〜下行に併せて響きの量を変化させ、ダイナミックなフレーズ表現をすることができます。全体にリッチな響きを伴った演奏になりますが、特にE音が開いた響きになりピッチが不安定で上ずって聞こえることがあります。ですので、最初のチュー

ニングを丹念に行うことが重要になります。

　2つの方法を同じホールの環境で試すと、響きの量が大きく異なることに気がつきます。これらは、どちらが良い、ということはありません。演奏するティンパニの状態や音響の環境、音楽的な好みなどに合わせて、奏者が自由に考えて良いと思います。

ロール後のマレット移動

　これは「10. 手首の回転」で既に取り上げた内容ですが、ここで改めて詳しく見ていきます。

　下の写真は、ロールの後でマレットの横移動がある場合によく起こる状況を示しています。右手は、正面のティンパニでロールをした（写真A）後に外側のティンパニを打つために横移動をしています（写真B）。Aでサムサイドだった手首の向きが、マレットの横移動に伴いBでサムアップに変化していることが分かります。当然ですがこのとき、横移動してサムアップで打った音は、サムサイドのときよりも柔らかく響きます。

A：正面のティンパニでロールをする

B：右横のティンパニを一発打つ

「ロール→マレット移動で1発」という場面の多くは、ロールのときはマレットの圧を弱め響きを出して、次に一発打つ時は圧を強めてアタックを出す、という状況です。しかし上の写真の場合は、音楽の場面と関係ないマレット移動の都合により、本来なら固いアタックを出すべき場面で柔らかく開いた音色を出してしまうことになります。これではプロフェッショナルの演奏とは言えません。

　サムサイドからサムアップに変わるとき、音色が柔らかく変わることを望まないのであれば、指やヒジをコントロールして音色変化を防ぐ必要があります。そのためにたとえば、サムアップになるとき人さし指のDIPを強く曲げる、ヒジを開いてサムサイドのままストロークする、などの策が考えられます。

　実際の楽曲の例を見てみましょう。

ブラームス：交響曲第4番　第3楽章　より

　G音でロールをしながらクレッシェンドして4小節目のC音を *ff* でしっかり決めるという、典型的な場面。譜例の4小節目の8分音符の打撃はこの楽章の冒頭とまったく同じ質の強く存在感あるアタックが求められます。またC-Durの主音としての揺るぎないピッチ感も必要です。そして当然ながら6小節目の8分音符も同じアタックである必要があります。

　G音のロールは柔らかい響きが必要ですが、C音の1発は強いアタックです。このためC音に移るときにヒジを強く開きサムアップの状態をキープして、アタックの条件を整えることが有効になります。また、指の形を瞬時に強めてアタックを強めることも効果的です。両方を同時に行えば、より決然としたC音が表現できるでしょう。

　シンプルに見える楽譜ですが、音楽的な表現をするためには高度な技術を必要とする場面です。

R.ジェーガー：シンフォニア・ノビリッシマ　より冒頭

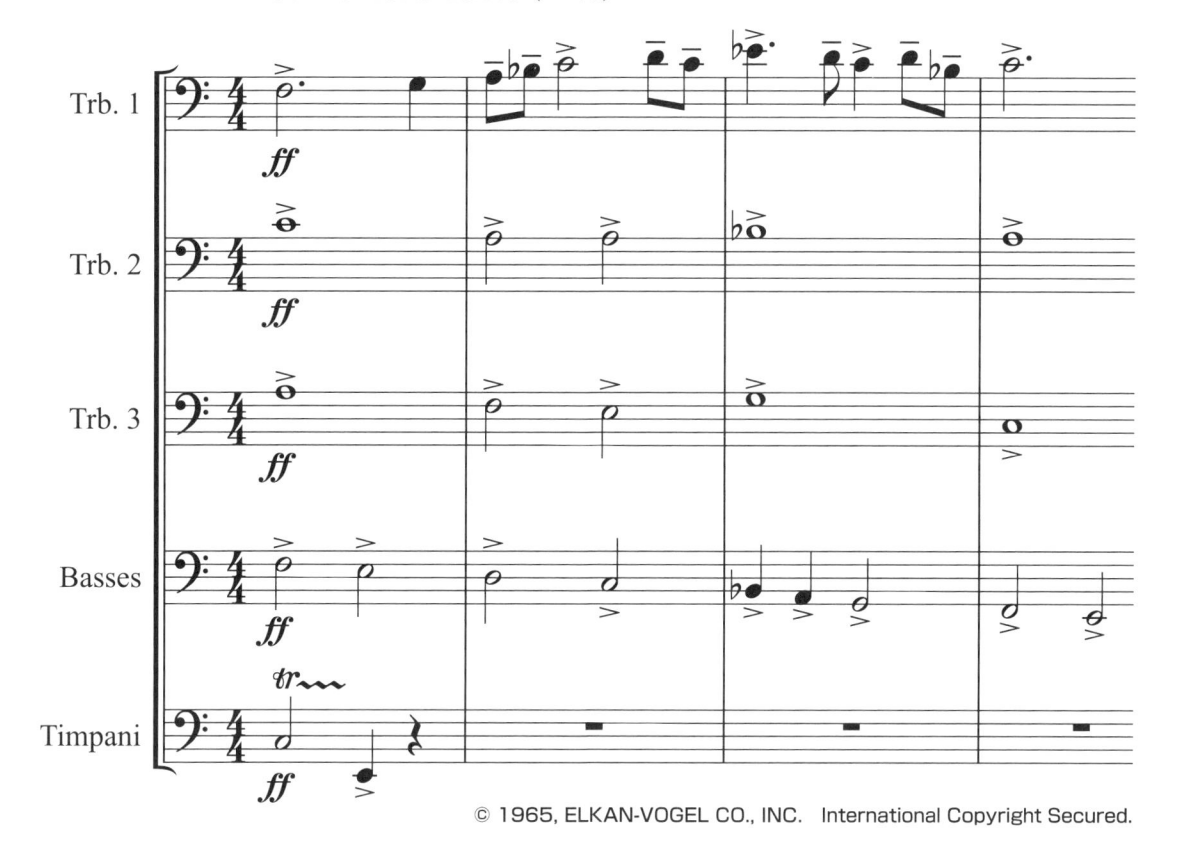

　ティンパニが楽曲全体の印象を決定づけると言っても良いほどの、非常に大切な場面。1小節目3拍目のE音アクセントは、低音楽器が奏するF-Durのスケール下降進行「F→E→D→C」の導音にあたるきわめて重要な音です。このため、ティンパニは低音域という不利な条件ながら明確なEのピッチを表現する必要があります。しかも曲冒頭1、2拍ではこれと反対に、倍音豊かなロール奏法によってバンド全体の響きを壮大に表現することが求められます（ロールにアクセントは付いていないため、ロールの出だしにアタックを付けることはできない）。このため、「響き→アタック」というふうに瞬間的にストロークテクニックを切り替える能力が必要になります。

　1、2拍でのロールのテクニックのままE音を叩くと、マレットの圧が弱いままになります。しかもマレットが外側に横移動するため手首の回転（サムサイド→サムアップ）が起きてマレットの圧はさらに弱くなります。このため、E音でティンパニ特有の破裂音（割れた音）が際立ちピッチ表現は不明瞭になってしまいます。また、楽曲冒頭の堂々とした音楽をイメージした柔らかい動作で横移動するとヒジの精密な管理ができないため、結果的に「思った音が出ない」という状況になります。

　E音に向けてマレットを横移動する際に、しっかり圧をかける、または横移動のときにヒジ

を意図的に開いて、サムアップになることを防ぎ、強い圧をかけながらストロークをすることで、破裂音を抑えてピッチ感とアクセント（アタック）を明瞭に表現することができます。

　マレット移動でヒジを開く際に柔らかい動きをすると、アタックのタイミングより後にヒジを開くことになります。しかし「4，音色変化は指から始まる」で既に述べたように、アタック後にどのような身体動作を行っても、アタック（すなわち既に発した音）に影響を及ぼすことは物理的に不可能です。ですから、サムサイドを保つためにヒジを開く動作は、きわめて素早く直線的な動きで「アタックの前に」行う必要があります。

　このように、ティンパニ演奏は1打を演奏する前に緻密な計算をしてテクニックを準備する必要があります。そしてこれらの計算や準備は、その都度考えて行うものではなく、全てが直感によるものであるべきです。私の師匠であるライナー・ゼーガース(Rainer Seegers)氏がレッスンの中で何度も述べていましたが、「テクニックは全て下意識にあってオートマチックなもの」であることによって、ティンパニストは初めて音楽表現に集中することができるのだと考えます。

　ここで紹介したのはティンパニ演奏のごく一部の「ストロークシステムを使って音色をコントロールする」という仕事です。実際のティンパニ演奏はペダリング（ペダルを操作してピッチを変更する）やマフリング（音を止める）など数多くの仕事を同時進行させることが必要になります。

▌おわりに

　ティンパニは現代においてもはやオーケストラだけのものではなく、吹奏楽や打楽器アンサンブルや先端的な音楽まで、幅広い編成や音楽ジャンルで使用される楽器です。ティンパニストはシングルストロークを使う技術的な伝統と響きの文化を守りながらも、常に新しい音色を試みる精神が求められます。ティンパニストが扱う音色の幅は、今後もますます広がっていくことでしょう。

　本書ではティンパニの具体的なテクニックについてはここで触れる内容にとどめます。実際にティンパニストを目指す人は、まず良いメソードを持つ指導者のもとで基礎をしっかり学ぶことが大切です。そして合理的なテクニックを身につけながら、優れたオーケストラの生演奏にたくさん接して「響きの世界」を実体験し、音楽的センスを磨くことがきわめて重要です。

※注1：オーストリアの民族衣装などに使われる厚いフランネル生地「ローデン」を円形にカットして重ねたものを、上下のネジで挟んで圧縮し、マレットヘッドとしているもの。もともとはローデンだけが使われていたが、現在では綿生地やセーム皮（シカ、ヤギなどの皮をなめしたもの）など多様な素材がマレットヘッドとして使われている。これらは「綿のフランネルマレット」「皮のフランネルマレット」などと呼ばれる。

フランネル

様々な素材のフランネルマレット

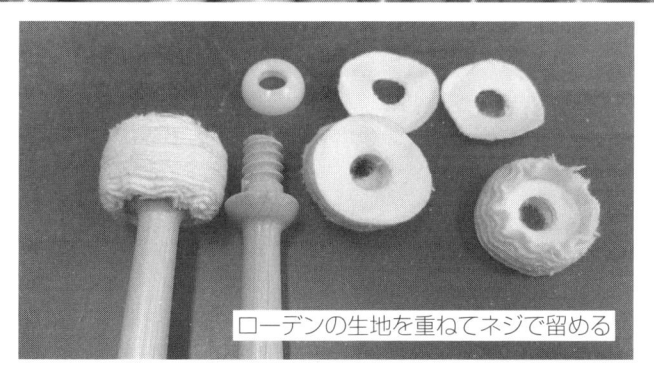

ローデンの生地を重ねてネジで留める

コラム：竹マレットは繊細な宇宙

竹シャフトマレットでティンパニを演奏するとき、支点を担う指の部位を変えると、音色がわずかに変化することが分かります。以下の3つの支点を試してみましょう。いずれも、最小限の指の力でシャフトをコントロールします。

1，親指と人さし指DIP関節（クラシック）
2，親指と人さし指PIP関節（クラシック）
3，親指と中指PIP関節（ハイブリッド）

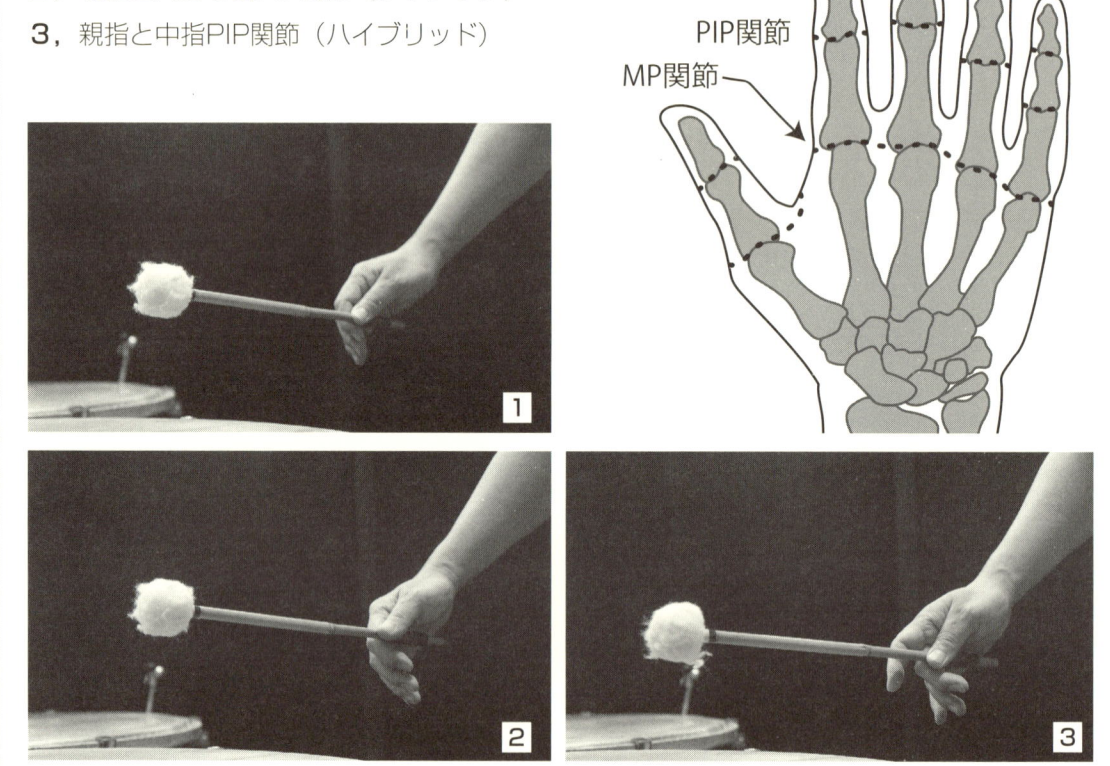

本皮ティンパニなど繊細な条件下で試奏すると、明らかに音色が異なることに気がつきます。また、支点以外の指はシャフトに触れずにストロークすると、それぞれの違いがより分かります。

基本的に1→2→3の順でアタックが柔らかくなり、倍音の量が増えていく傾向になります。

1は人さし指の DIP が曲がりやすい、2は人さし指の DIP が伸びやすい、3は中指と人さし指の DIP が伸びやすいという特徴があります。これらの指の形の変化によってシャフトを挟む力が変化することでマレットにかかる重さが変化し、微妙な圧の変化やシャフトの振動の変化が起きて、音色が変化するのだと考えられます。

竹マレットはこのように、ほんのわずかな指の変化にも反応する力を持っているのです。これはなにより竹が自然物であり軽いこと、縦に繊維が走る特殊構造であり、さらにパイプ状で

あることや節を持つことなどと大きな関係があると考えられます。さらに竹の振動の様子は竹自身が含む水分や油分、極論すれば気温や湿度によっても変化すると考えられます。これは木のシャフトとは比べものにならないほど繊細で複雑な変化であり、金属や化学製品でできたシャフトでは起こりえないことです。竹マレットとはまさに「生きたバチ」であると言っても過言ではないでしょう。

竹マレットのシャフトにはそれぞれ「振動の個性」があります。楽曲を演奏する際は、マレットが元々持っている振動の個性を把握した上でそれらを選び、能力に合ったテクニックを繰り出すことが重要です。

たとえば、シャフトが振動しやすいマレットを使いニュートラルシングル（指を動かさず手や腕を意識的に動かすストローク）だけを使ってフレーズをダイナミックに表現しようとしても、それはかなり困難です。なぜなら、ニュートラルはマレットの圧や振動をほとんど変化させないテクニックだからです。

反対に、振動しない竹の場合、どのようなグリップでどのようなテクニックを使ってもそれ以上シャフトの振動を増やすことは物理的にできないわけですから、ロールを豊かに響かせることはとても難しくなります。しかしこれを逆に捉えると、複雑なリズムでマレットが振り回されるような場面でもリズムの粒（アタック）がそろいやすい、とも考えられます。

このように、竹マレットを使う場合、常に音楽の場面に適したマレットを選ぶことが重要であり、それは単に「硬い・柔らかい」「重い・軽い」という要素だけで決めるべきではありません。マレットの「振動の個性」を把握して、そこに自分のテクニックを掛け合わせることで、初めて高度でアカデミックな表現が成り立つのです。

素晴らしい竹マレット

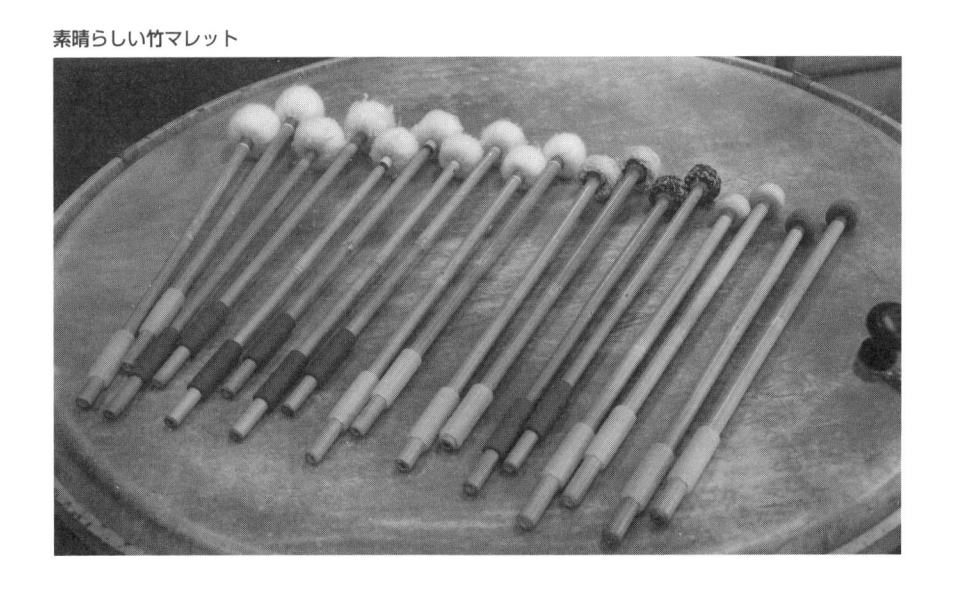

竹マレットを自在に操れるようになれば、それはティンパニからあらゆる音色を引き出す鍵を手に入れたようなものです。直径たった10ミリほどのか細いマレットですが、そこには無限大の表現の世界が詰まっている！　と言えるのです。

13 フレーズトレーニング

　指の先行動作を使ったストロークをしながら、自由なフレーズ表現を行う練習「フレーズトレーニング」を考案しました。

トレーニングのポイント

　このトレーニングはバチの圧を変えてアタックや響きを変化させることで、音量変化に頼らないフレーズ感を表現することが目的です。全ては、前腕や上腕などの大きな筋肉に頼らず、指の先行動作を意識して行うことが重要なポイントです。

　また、音量の差ではなく音色の差によってフレーズ感を主張することが大切です。これを可視化してみると図のようになります。

二つの表現の違い

A：音色が同じで、音量の差がある

B：音量が同じで、音色の差がある

　Bのように、音量差ではなく音色の差が聴き取れるようにすることが重要です。このために必要なのはアタックをしっかり変化させることです。これができているか判断するために、最初はスネアスティックとハードタイプの練習パッドを使い、シャフトの振動音がよく聴き取れる環境でトレーニングすることをおすすめします。ですから、よく振動するスティックを用いることも大切です。

　トレーニングに入る前に必ずグリップの確認をしてください。ここではクラシックグリップを前提に確認していきます。
◎人さし指と親指の力バランスに気をつけて、支点を確保します。
◎支点確保ができたら、人さし指〜小指までをエンジンとしてバチを動かします。

3つのストローク

このトレーニングで使う3つのストロークについて、奏法と機能を確認して、それぞれのストロークごとに練習しましょう。

1，パーシングル（○が付いた音符）

指の開き動作によるストロークです。バチの圧をいちばん弱めてバチの振動を生かし、柔らかいアタックと豊かな響きを表現するものです。

「9．ストロークの生成と分類」で説明しましたが、パーストロークはその機能の特性上スピードストロークが不得意なので、下のような譜面がゆっくりと演奏できれば十分です。

パーシングル

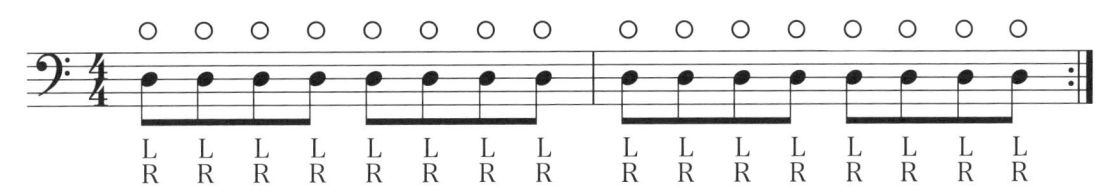

2，グーシングル（+が付いた音符）

指の閉じ動作によるストロークです。バチに強い圧をかけてバチの振動を抑えて、強いアタックと抑制された響きを表現するものです。

グーシングル

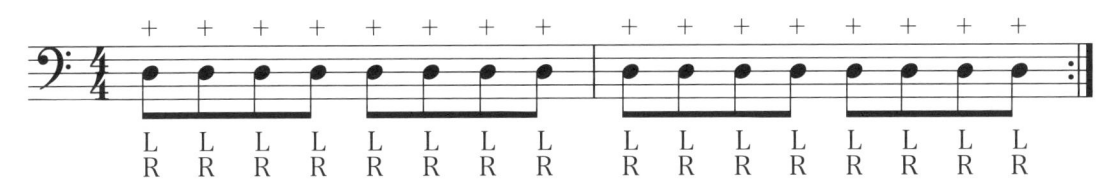

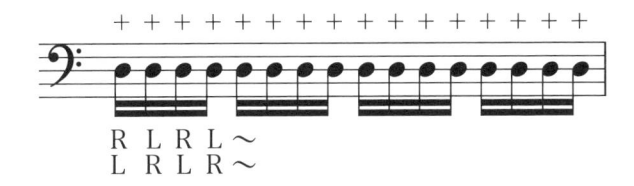

3，ニュートラルシングル（印が付いていない音符）

指を停止させ、手や腕を意識的に動かすストロークです。バチの圧はグーとパーの中間になります。アタックや響きの様子がグーとパーの中間になっていることを確認しながら練習します。

　それぞれのストロークで、両手の動きとサウンドがそろっていることを確認します。トレーニングを練習パッドで行う場合、両スティックから聞こえるサウンドがそろっていることも確認します。

コンビネーションによるフレーズトレーニング

　連打をしながら、グーとニュートラルを使い分けてバチへの圧を変化させ、フレーズを作り出すトレーニングです。ここで重要なことは、全ての音が同じ音量で正確にストロークできるよう心がけることです。グーの音で瞬時に強い圧をかけることでニュートラルの音とのアタックや響きの差が生まれ、立体感あるフレーズ表現ができます。

　最初はじゅうぶん遅いテンポで練習します。そして、グーで大げさに指を閉じてバチを握り込むようにして、指の動作にメリハリを付けます。このときバチの動きの軌跡がきれいな上下運動をしなくても、最初はまったく気にすることはありません。大切なのは、連打をしながらアタックが明確に変化することです。

　これは、基礎的なフレーズで音色変化を表現するためのトレーニングとして作成しましたが、ポップスなどで規則的なビートを刻みながら自由なニュアンス表現をしたい場合や、ドラムのアドリブで自由なタッチのフレーズを表現するためのトレーニングとしても非常に有効です。

　ここでの手順は全て左右交互（RLRL または LRLR）で行います。

コンビネーションストローク

1.それぞれのパターンの前にAを挿入して演奏すること

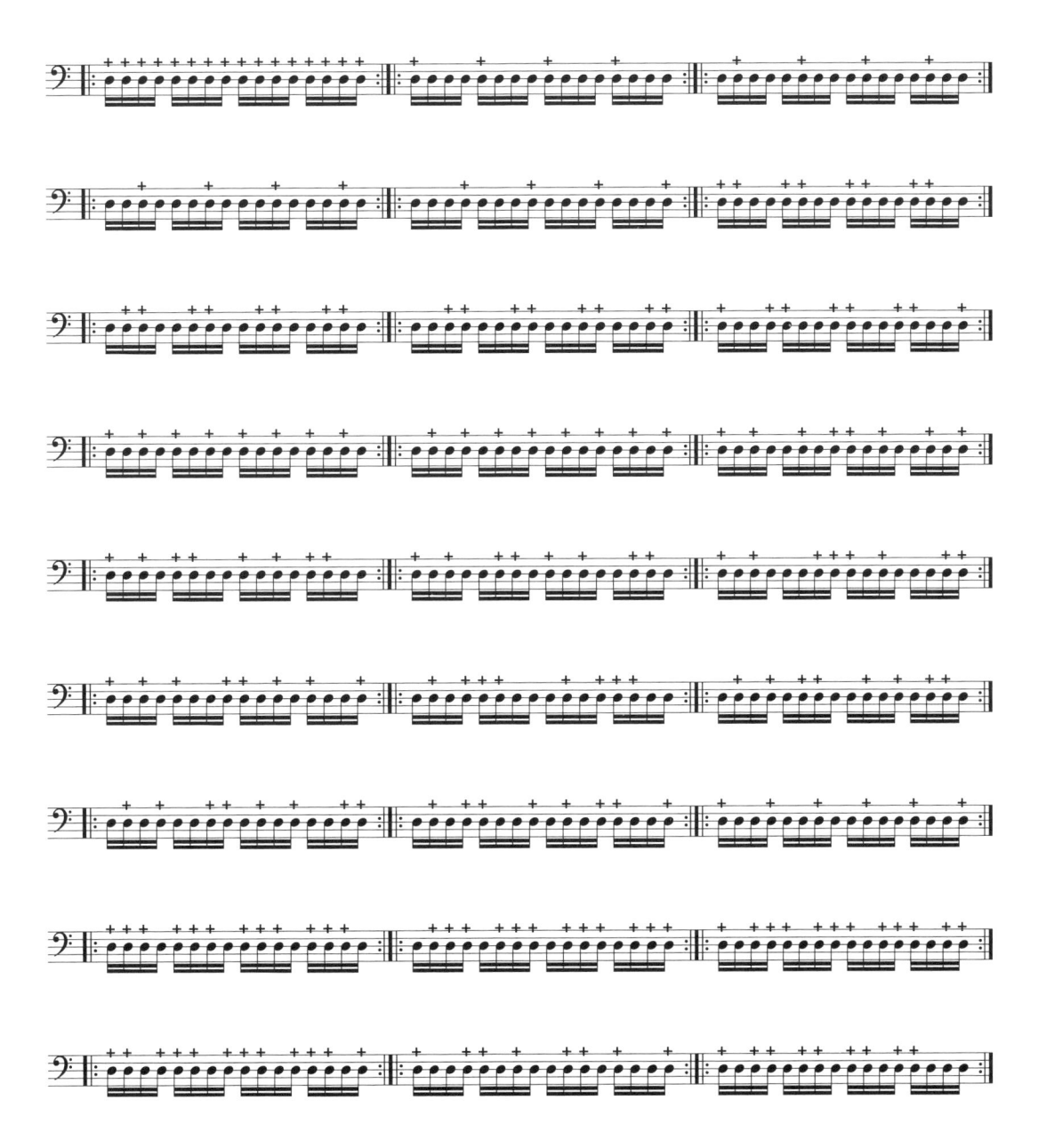

2. それぞれのパターンの前にＡを挿入して演奏すること

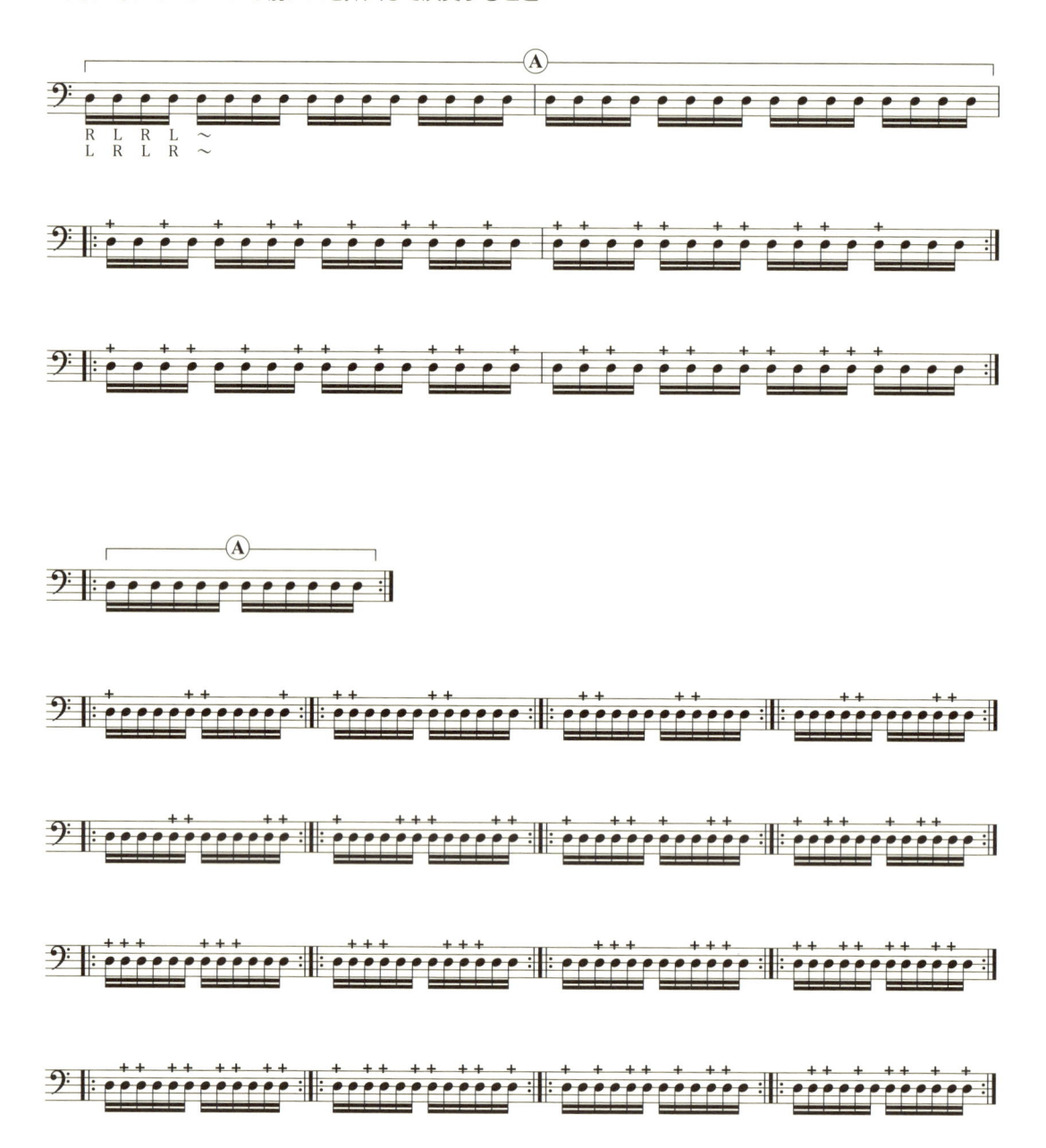

さまざまなリズムとアタック

　今度は、ティンパニで、クリアなアタックのリズムと豊かな響きのロールを連続して演奏するような場面を想定します。リズムとロールの出だしはアタックをハッキリさせ、ロール本体は柔らかく響かせるテクニックのための練習です。ティンパニで行うと最も効果的ですが、練習パッドとスネアスティックで行っても、良いトレーニングになります。

　＋が付いた音符（グー）は明確な固い音色でしっかり粒をそろえます。印が無い音符（ニュートラル）は柔らかいロールの音色のつもりでバチがよく振動して響くように演奏します。

　バチに圧をかける音とかけない音でアタックの明確な違いが出るようにトレーニングしてください。先ほどのトレーニング同様、全ての音は同じ音量を心がけます。手順が書かれていないものは、自由な手順で行ってください。また、ここに書かれていないオリジナルの手順で演奏することも良いでしょう。

さまざまなリズムとアタック

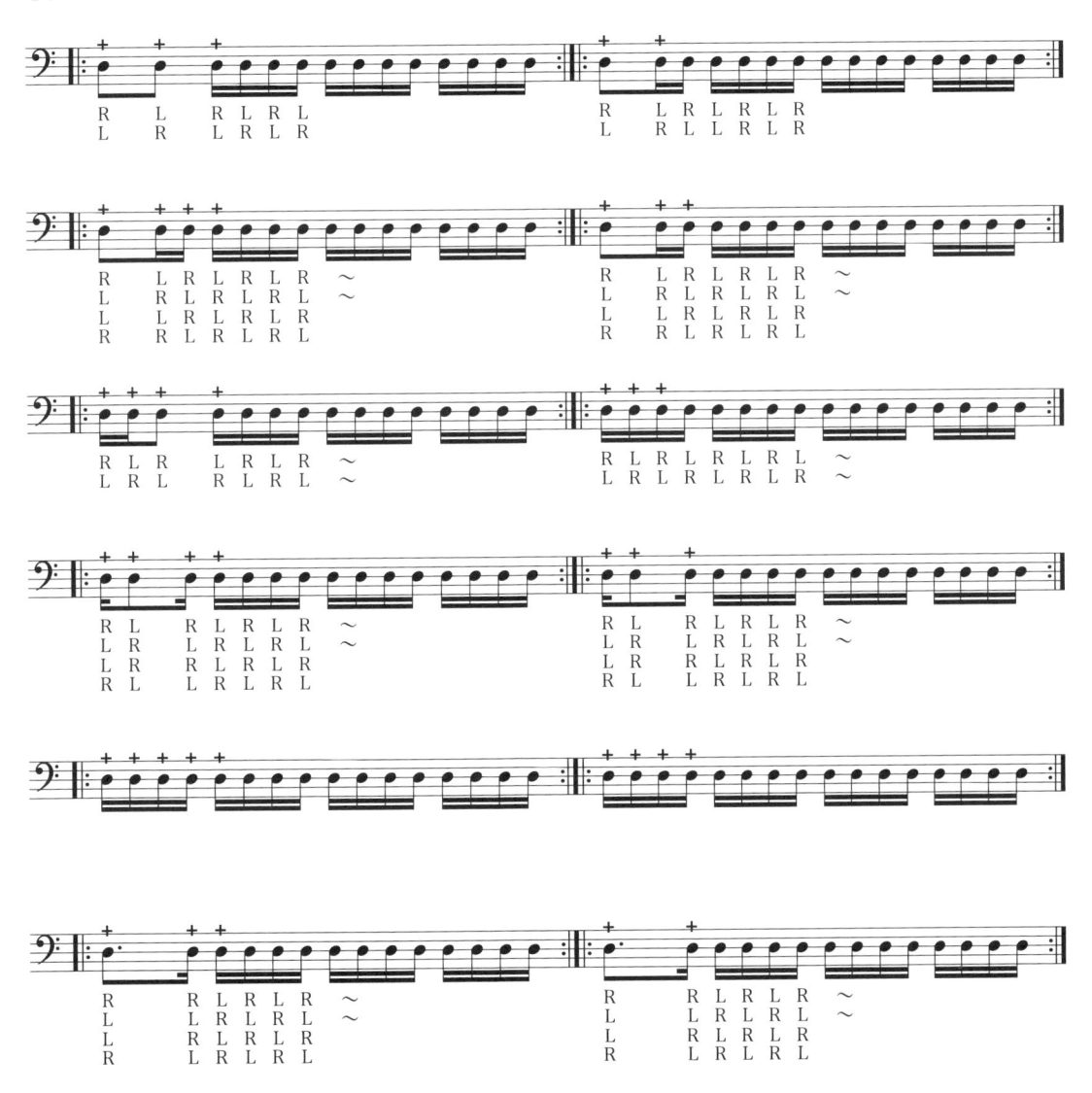

実践的なフレーズコントロールに向けて

　実際の演奏でよく使われるリズムを使って、圧のコントロールによる音色変化を実践して、立体的なフレーズ表現のためのトレーニングを行います。

　ここでは基本的に、「長い音符は圧を弱く、短い音符は圧を強く」というルールを設定しています。ところが、多くの人はこのルールを用いると非常に演奏しづらいと感じるようです。その理由は、「長い音符や強拍はアタックを付け、短い音符や弱拍は軽めに演奏する」という無意識の演奏習慣によるものです。それは、下記のようなものです。

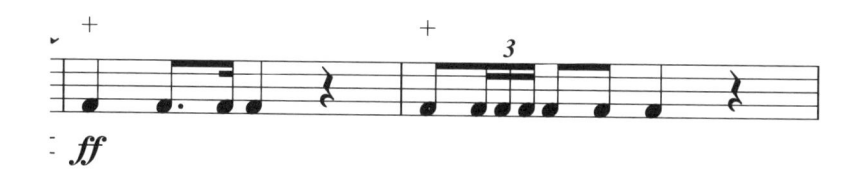

　譜例はロッシーニ作曲の歌劇「泥棒かささぎ」の序曲冒頭のスネアドラムの一部分です。

　オリジナルの楽譜には特にアーティキュレーションは記されていませんが、前ページ下部の譜例のように1小節目も2小節目も1拍目（強拍）にアタックをつけて、その後の音符はアタックの余韻的な「軽めの音色で」演奏することが習慣となっている人が多いでしょう。

　しかし、この序曲のスコアを見ると分かりますが、1小節目の1拍目の4分音符はオーケストラ全体が非常に華やかなTuttiです。特に弦楽器は4分音符を豊かな響きで表現します。そのため、スネアドラムはこの音に強いアタックを付けて鋭く演奏してしまうと、実はオーケストラがやっていることと雰囲気が合わないのではないか？　と考えられるのです。

　そこで、上の譜例とは逆の発想をしてみます。

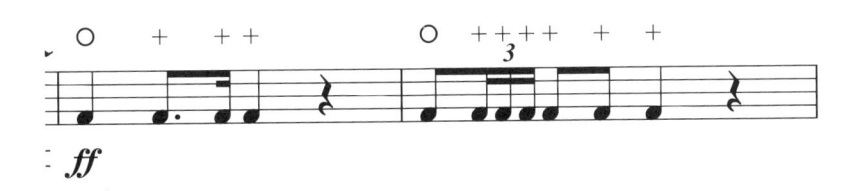

　○の印が付いた4分音符はパーシングルで、「倍音がたくさんある、よく響く大きな音」という意味で付けています。＋の音はグーシングルの意味ですが、大きく叩くのではなく、むしろ○印の音より小さな音量で叩きます。そしてクリアなアタックでリズムが聞こえるように心がけます。すると、先ほどとはガラッと雰囲気が変わってきます。特に2小節目の細かい三連符にアタックを付けることで、スネアドラムだけが奏するSoloのリズムをより際立たせる演出ができます。しかも、音量を出さなくてもアタックをしっかり付ければオーケストラの中で音が通るので、バランスを崩さずリズムを主張することができます。

　このように、「長い音符は圧を弱く、短い音符は圧を強く」という発想は、とても発展性があるものです。今まで常に「長い音符にアタックを付けて、短い音符を軽めに叩く」という無意識の習慣があった人にとっては、フレーズを別の角度から見つめるきっかけになると思います。

　ここではもちろん、「泥棒かささぎ」の序曲冒頭は常にこのように演奏しなければならない、と言っているのではありません。オーケストラ全体のフレーズ感とより合わせるために、このような発想をしても良いのではないか、という提案をしているだけです。

　さて、以下のトレーニングメニューでは、「＋」が付いている音はグーストロークでアタックを強くして「響きが短い音符」を表現します。「○」が付いている音はパーストロークでアタックをぼやかして「響きが長い音符」を表現します。

　あえて、響きが短いスネアドラムで行うと、微妙な音色変化を感じ取るための耳を作るトレーニングとして有効です。その際、打面にあるミュートはすべて外すようにしましょう。それによって、スネアドラムが元々持つ倍音が十分鳴るため、それをコントロールする技術を習得することができます。また、固めの練習パッドと軽めの素材のスティックで行うと、圧の変化による音色変化をよく聴き取ることができます。ティンパニで行えば、フレーズを立体的に表現

し響きをコントロールするための、非常に効果的なトレーニングになります。

　これらはさまざまな手順で行う事を前提にしているため、手順はあえて記していません。

実践的なフレーズトレーニング1

　ここに示したトレーニングメニューはほんの一例です。さまざまな音符を組み合わせ、アタックや響きを変化させながらトレーニングを行うことで、次第にマレットのコントロール能力が高まります。最終的には「頭で考えること」なく、指の直感的な操作だけで自在なフレージングができるようになります。また、それによってダイナミックに変化する打感をより楽しめるにようになり、さらにクリエイティブなフレージングへと発展していきます。まさにこれが「指から始まり指に戻る」ストロークなのです。

実践的なフレーズトレーニング2　第九

　ベートーヴェン：交響曲第9番の4楽章の「歓喜の歌」の部分を、グーとパーのテクニックを使い分けて演奏してみます。

　弦楽器は現代の弓で弾く場合、3本の弦を同時に発音することは構造上不可能です。このため下記のような場面でバイオリンが三和音を演奏するときは、3つの発音のタイミングをずらすので、音に厚みが出るという特徴があります。

　そこでティンパニもこの特徴に合わせて、基本的にバイオリンが三和音を弾く場所では ○（パー）を使って広がりある長く響く音色を表現し、それ以外の場所は ＋（グー）を使って響きを抑制しアタックを強調した音色を表現します。（ただしこれはあくまでも基本的なルールで、譜例では例外もあります）

　○と＋で音量を変えずにアタックと響きの差でフレーズを構築します。すると、バイオリンを含む弦楽器とフレーズ感がしっかり合うようになり、これによりオーケストラ全体のリズムが立体的で躍動的になってきます。

ベートーヴェン：交響曲第9番 4楽章 より

グー、パー、ニュートラルをオノマトペにする

音色変化を起こす指の先行動作をオノマトペ（擬音語）にして声に出しながら、楽しくストロークを行うためにシンプルな楽譜を作成しました。

それぞれの音符に記された指の先行動作（＋：グー、○：パー、無印：ニュートラル）をそれぞれ「ぐー、ぱー、にゅー」というオノマトペにして声に出しながら演奏してみます。するとオノマトペの響きと、実際の指動作と音色と打感などが「感覚的に似ている」ことに気がつきます。たとえば「ぐー」は指をぐっと閉じる動作で音色は固く締まって打感はしっかり強い感触、「ぱー」は指をぱっと開く動作で音色も開いて広がり打感は散るような感覚、というふうに。

子どもたちがオノマトペで言葉遊びをしながらストロークすることで、自然に指の動作に慣れ、自由な音色変化ができるようになることを狙いにしています。

・スネアドラム
・トムトム
・練習パッド
　など

＋：グー、○：パー、無印：ニュートラル

ぐにゅぐにゅぱーカッション

K. Fuakmachi

コラム：スピードストロークと音色表現

　この「13. フレーズトレーニング」の最初のトレーニングをやってみるとすぐ分かりますが、バチの圧を変えながら一定のテンポでストロークを続けることは決して楽なことではありません。むしろかなり大変なことです。圧を変えれば背屈の強さやPRの量も変わり、打感もその都度変化します。つまり状況が常に一定ではないのです。

　繰り返しますが、このトレーニングの目的は、音量の強弱に頼らない音色変化による立体的なフレーズ表現をすることです。このために、自分の打撃技術（自分がどれだけ速くストロークできるのか）をしっかり把握しておく必要があります。

　もし、このトレーニングを自分の打撃技術の限界に近いような速いテンポで行った場合、バチの圧を変えることを諦めてしまうことにつながります。というのも、「限界に近いテンポで演奏すること」は、すなわち肉体の限界に近いわけで、誰しもつらくなるからです。限界に近い状況に加えて圧の強弱を付けるテクニックを同時に行うことは、言ってみれば「つらさ倍増」になってしまいます。こうなると、「つらさから逃げる」ために結局何かを捨てたくなります。メトロノームなどによってテンポが強制的に決まっていれば、「限界に近いテンポで演奏すること」は捨てられません。そうなると、圧の強弱を付けるテクニックの方を捨てることになってしまいます。テンポをキープして速いストロークをすることだけでも演奏としては成り立ちますが、何も変化がない音が羅列するだけの演奏に表現力はまったくありません。

　従って、「1. 打楽器を演奏するとはなにか」で述べたように、限界を超えるようなハイスピードストロークをただ目指すことは音色表現を放棄することに繋がる、もっと言えば芸術的な表現を放棄することに繋がる危険があるのです。

　とても速くストロークできる技術を持っているということは、それだけ音色表現に回す「技術的余裕」がある、ということを意味しているのであって、**速いストロークそのものは表現力の高さを示すわけではありません**。打楽器奏者は、これを常にしっかり認識した上で演奏をするべきなのです。

　ここで紹介したトレーニングを行う際は、まず遅いテンポで確実にバチの圧変化を実現できるまで繰り返し、その後テンポを段階的に少しずつ上げていくことが理想です。そして、テンポが上がっても前と同じ感覚で圧のコントロールができているか、また前と同じメリハリある明確なフレーズ表現ができているか、常にチェックしながら進めていくことがとても重要です。

今後の研究に向けて

打楽器の音色変化のメカニズムに迫る

　打楽器の音色が変化する条件は、打面の振動の状態が変化することです。本書では、打面の振動を変化させるためには、打面との接触時にバチが与える衝撃が変化することが必要であり、そのためには、あらかじめバチに身体の重みを加えたりバチの振動を変えるという「アタックの前の準備」が有効だと考えました。そしてそのために、指の形や動かし方に関するさまざまな方法を考え、実践してきました。そこでの大切なポイントは、「打楽器の音色変化には身体の振る舞いが大きく関係する」ということでした。

　たとえば、マリンバの音色を変えるための条件はなにか？　という問いがあれば、一般的には「マレットの硬さを変える」という答えがすぐさま出るでしょう。これは、音響学の知識としては正しいのだと思います。異なる硬さのマレットを自動ストロークマシンのような機械に設置し動かしてマリンバの鍵盤に当てると音色が異なる、ということはすでに科学的に実証されています。また、重いマレットならば低い倍音が多く出る（音が暗くなる）、軽いマレットならば高い倍音が出やすい（音が明るくなる）ということも明らかになっています。これと関連して、軽いマレットのほうが音のうねりが聞こえやすいという研究結果もあります。バチの種類を変えることで音色が変化するメカニズムについては、かなり進んだ研究が行われているようです。

　しかし、この音色変化のメカニズムと、実際のマリンバ演奏における音色変化の考え方には根本的な違いがあります。それは、「奏者の身体がバチを操作することによって音色が変化する」ということを論点にするかしないかです。みなさんは、演奏の現場で同じバチを持ってプレイするなかで、「タッチを硬くする」「打点を深くする」というイメージを持ち、手先に集中することによって楽器の「音の粒立ち」と言われるものや、「音の重さ」や「音の深み」と言われるものが明らかに変化するという体験をしたことがあると思います。これは打楽器演奏家の立場として実感する、音楽的で観念的なものであるがしかし確実な「音色変化の現象」だと言うことができます。

　私はこのような、奏者の繊細なバチの操作によって実感する音色変化にも明確なメカニズムがあるはずだとして先行研究を調べました。その結果、「バチがどういう物理的条件で打面に当たれば、どういう音色になるか」ということは分かっていても、「ではそのバチの物理的条件を再現するために、奏者は具体的にどのようなメカニズムでバチを操作するべきか」ということの科学的な研究は、今までほとんどなされてこなかったことを知りました。つまり、そもそも打楽器奏法の科学についてはまだ謎の部分が多いということなのです。

　今後必要なことは、私たちは演奏家の立場でさらなる音楽的な研究を積み重ね、結果をどんどんアウトプットして内外にアピールし、科学の世界と強く結びつくことだと思います。そ

れによってお互いの論点を超えた高度な研究に発展し、近い将来、「バチを持つ指の操作による打楽器の音色変化のメカニズム」という研究領域が多くの研究者たちから熱く注目され、追究されていくことを期待しています。

■「指先から全身へ」という新たな流れ

　打楽器演奏の指導現場で、「まず楽器の前に正しく立ち（または座り）、姿勢と重心を整え、腕の位置を確認し、そして手首は……」というような、最初に身体の中央の大きな部分に意識を集中させて奏法を作り上げる方法を見かけることがあります。また、「この曲のこの場面は柔らかいイメージだ、だから柔らかい腕の動きで……」というような、音楽の場面から何らかの音色イメージを作り出し、それに合わせた身体動作を考え出して、それを表現として指導する方法もあるようです。確かに打楽器演奏はときに全身の運動を伴いますから、姿勢や体幹など大きな部分に対する意識も大切です。また、音楽の場面から何かをイメージするのは、ごく自然なことでしょう。

　しかし、「バチを用いて打楽器を発音する」という仕事の本質は、まず第一にバチと打面の接触を考えることです。そしてこの本質にもっとも深く関係しているのが指です。

　バチを持つ指の振る舞いは打楽器の音色変化に大きな影響を与えます。これは避けて通れないことであり、私たちがバチを持って叩くという奏法を止めない限り変わることはありません。打楽器奏法を研究指導するときは、まずこの現実をしっかり見つめるべきなのです。

　私たちの身体は、指先〜手首〜腕〜肩が、骨や筋肉、腱や神経などで繋がっています。それを確認するために、スネアドラムを演奏するときのように腕を構えてから「パーグーリズム」を行ってみます。すると手首関節は勿論ですが、腕の腱や筋肉が反応してピクンと動くことが分かります。指の動きを強く速くしてみましょう。すると、わずかですがヒジや上腕がリズミックに動き出すことが分かります。では今度は、同じように腕を構えてから、ヒジだけをゆらゆらと上下左右に動かしてみます。このとき、指そのものはまったく動かないことが分かります。指を動かせばそれより大きな部分が連動しますが、大きな部分を動かしても指は連動しません。指を動かすときは指に直接指令を出さない限り動かない、しかし指を動かせば手首関節や腕に直接指令を出さなくてもそれらを動かすことができる、というわけです。

　本書における「指がエンジンとなるストローク」は、指の先行動作によるテノデーシスの機能に基づいています。この機能を基本に考えることによって、指の小さな動きが手首関節の動きを導き腕や肩など大きな部分が反応し最後は全身が反応する、という身体動作表現の新たな流れを考えることができます。

　打楽器演奏において指は、単にバチを動かすエンジンというだけではありません。もっとも小さな全身の発火装置であり、もっとも敏感なセンサーでもあるのです。さらに言えば、指は私たちの身体とバチを直接つなぐものであり、身体の意思をバチに伝えその反応を受け取り身体に戻す、いわば司令塔のようなものです。これが意味することは、指が優れた司令塔となれば奏法は極限までシンプルになり、私たちは指の感覚と自分の感性に任せて思いのままに打楽

器を演奏することが可能になる、ということです。

　また、指の形と先行動作と手首の回転の関係を詳細に研究することで、左右の腕の大きな動き方、その順番、ヒジの開き方、またクロス・スティッキング動作の根拠などをひとつひとつ考える、すなわち「手順」というものを根本から構築しなおすという発想が生まれます。これによって打楽器の演奏法研究は、腕はもとより全身の躍動を存分に生かした「音楽表現と、アカデミックな身体動作表現の両立」という新たな複合芸術の領域に発展していく可能性を持つと考えます。

▌自分が直接感じたものが尊い

　打楽器の演奏はストロークという作業によって行われます。バチと打面の一瞬のコンタクト（接触）による震動が起きて音というレスポンスをもたらします。それと同時に、奏者の身体にも打感という感覚的なレスポンスをもたらします。指が楽器に直接触れることが無く、しかもバチと打面は1000分の数秒という非常にわずかな時間のコンタクトであるにも関わらず、奏者は指先で打感を捉えることができます。ストロークがどんなに速く密度が増したとしても、奏者は一打一打の打感を必ず感じ取っているのです。これは、誰かが考え出した仕組みではありません。人間が棒状の道具を使って物を叩くという行為を始めた太古の昔に、打感を指で捉え感じることが始まったと考えられるのです。

　本書で展開した打感に関する内容は、それが何であるかを科学的に立証するものではありません。あくまでも演奏家の立場から、自分の身体で起こる状況を感じ取ることの尊さを示すものです。

　私たち打楽器奏者は、お客さんが居てもいなくても、日々ストロークをしています。そしてどのような状況であっても、ストロークをすれば必ず指の触覚で打感を捉えます。

　たとえばあなたが、ある重要なコンサートで交響曲を演奏しているときの「渾身の一打」と、眠い朝の基礎練習でいつもやっている「なにげない一打」を、「同じティンパニで同じマレットで同じテクニックで打つ」というように、ストロークの物理的条件を限りなく同じようにしてみたとしましょう。交響曲を演奏するとは、作曲家の主張や心情を代弁することであり、それを聴いたお客さんの人生をも変える力を持つほど責任ある仕事、ときに恐ろしいほどのプレッシャーと緊張感があります。いっぽう、基礎練習は他人に聴かせるようなものではありませんし、あくびをしながらでもできます。音楽的に考えれば、交響曲と基礎練習を比べるまでもなく、「渾身の一打」と「なにげない一打」は、その価値はまるで違うはずです。しかし、その二つの「一打」が、あなたの身体にとって、まったく同じ衝撃として捉えられ、まったく同じ打感になるかもしれないのです。基礎練習で捉えた打感が、コンサートで捉える打感と同じであったならば、それは、眠い瞬間と緊張のピークの瞬間で、あなたの指は同じ感触を得ていることになるのです。

　このことが意味することは何でしょうか？

　一打から発せられる「音」は広く外に出て行くもので、すぐに音楽的な意味や価値をまとって客観的に評価されます。反対に、一打から捉えられる「打感」は外に出ることはなく常に自

分自身の中だけにある、変わらないものです。もちろん打感を客観的な言葉に変換すれば、それを外に発表し他人と共有する情報にすることもできます。しかしそれによって打感そのものが他人から直接コントロールされたり何らかの意味を持ったりすることはありません。もちろんその価値が変わることもないわけです。これはおそらくどれだけ科学が進歩しても変わらないでしょう。

　そしてそもそも、打感とは自分が行った動作による結果です。この理解によって、打感を感じ取ることは自分の内面を感じ取ることだと考えることができ、これが転じると「打感をコントロールすることで自らをコントロールする」という発想が生まれます。それは、今までただ受け身に感じるだけだった打感を、積極的に、そしてより創造的な活動に利用していこうという新たな提案でもあるのです。

　打楽器を演奏するとき、聴覚や視覚を的確に使うことは常に重視されています。しかし、触覚の重要性については今までほとんど取り上げられてきませんでした。奏者自身だけが感じる打感をフルに活用することにより、聴覚＋視覚＋触覚という、より多次元的なコントロールによる、感性あふれる音楽表現が可能になると考えます。

　さらにこれは、「聴覚に頼らない触覚のみによる打楽器演奏」という、まだ誰も足を踏み入れていない最先端領域の研究へとつながっていくことを確信しています。

打楽器を演奏するとは、なにか

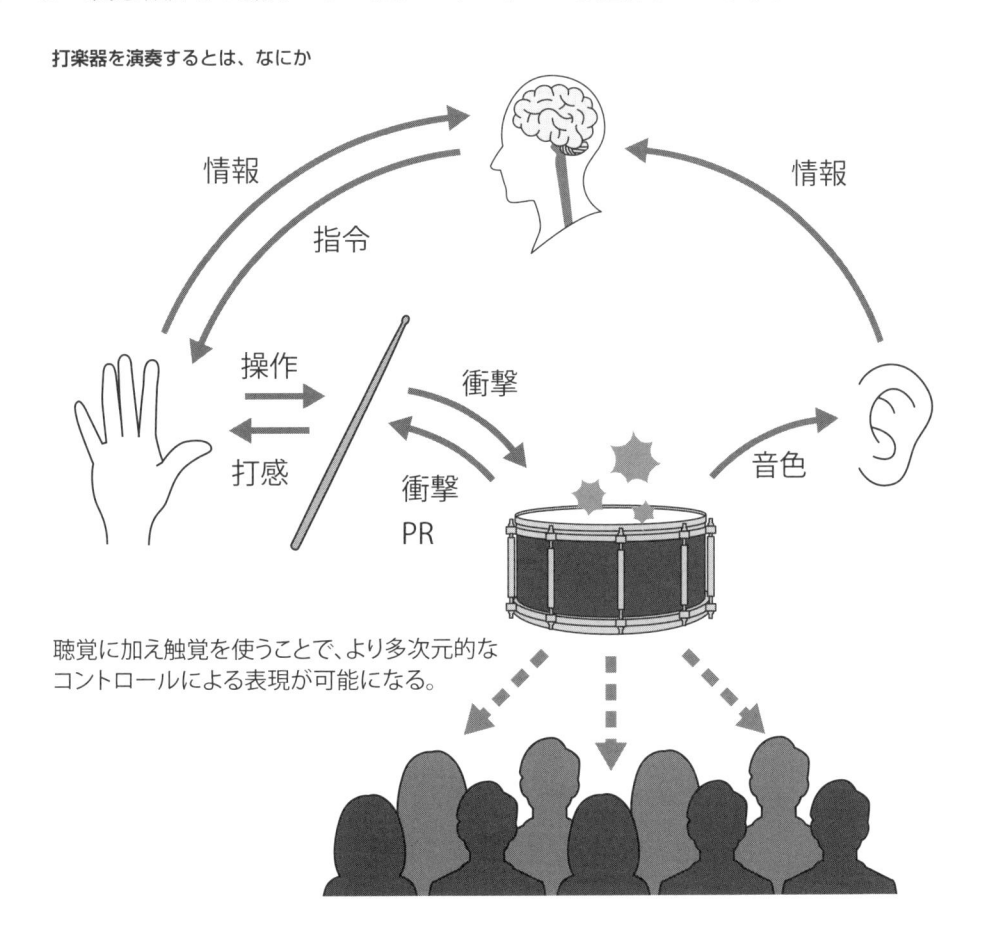

聴覚に加え触覚を使うことで、より多次元的な
コントロールによる表現が可能になる。

あとがき

　本書で展開してきた内容の多くは、実は私が学生の頃に解決できなかった演奏上の問題や悩みが元になっています。「なぜそうなるのか？　なぜそうならないのか？」というごく単純な疑問に対して直球の答えが見つけられなかったことは、若き自分にとってとてもふがいない経験でした。このような記憶を深くしまったまま演奏家としてずっと走り続け、10年前からは大学で打楽器奏法論の研究にも携わってきましたが、今回本書を著せたことでようやく、あの頃悩んでいた自分に答えるためのスタートラインに立てたような気持ちがしています。

　打楽器に関わる方々はもちろん、さまざまなジャンルの音楽に携わる方々、それから子ども達の音楽教育に携わる多くの方々に手にしていただきたいという思いで本書を書きました。特に打楽器奏法を専門に勉強する若い学生さんたちの傍らで、問題や悩み事の解決につながったり、新しいアイデアやひらめきのために役に立ってくれることを願います。また、若い作曲家の方々にも手にとっていただき、打楽器の奏法や音色の研究の参考になれば幸いです。さらに、打楽器演奏におけるストロークというものが高度な学術研究の対象となり発展していくために、本書が少しでも役に立てば、それはとても光栄なことだと思います。

　本書を刊行するにあたり、ほんとうに多くの方々に助けていただきました。

　打楽器奏法研究と本書の執筆にあたりさまざまなアドバイスをくださった、塚田靖先生（打楽器奏者、東京学芸大学名誉教授）、ティンパニの奏法研究で貴重なアドバイスをくださった、ライナー・ゼーガース先生（Rainer Seegers 元ベルリン・フィルハーモニー管弦楽団首席ティンパニ奏者）お二人に心より感謝を申し上げます。

　そして、本書の英語表記についてアドバイスをくださり、PR（Player's Rebound）の名付け親でもある、ブルックス信雄トーン先生（Brooks Nobuo Thon 愛知県立芸術大学准教授、クラリネット奏者）、解剖学や身体運動学の見地からさまざまなアドバイスをくださった、石垣享先生（愛知県立芸術大学教授、健康科学）、アマチュア打楽器奏者としての顔をお持ちで触覚や情報伝達についてご教示くださった、栁澤千秋先生（埼玉精神神経センター脳神経内科医長、脳神経内科医）、出版にあたり大変お世話になった、株式会社スタイルノートの池田茂樹さん、すてきなイラストを書いてくださった可知夏実さん、本を書くことについてさまざまアドバイスをくださった編集者の古屋賢一さん、本書で論じたテクニックを実践しその有効性を検証してくれた、第一線で活躍する多くの音楽仲間たち、研究を応援してくれた愛知県立芸術大学管打楽器コースの同僚たち、私の無茶な論理や思いつきに日々つきあい評価してくれた、愛知県立芸術大学管打楽器コース・打楽器研究室の学生諸君、そして執筆活動を大きく支えてくれた妻に、感謝の気持ちを表します。

深町浩司

参考文献

網代景介、岡田知之　1994　『新版　打楽器事典』音楽之友社

生井久美子　2015　『ゆびさきの宇宙——福島智・盲ろうを生きて』岩波現代文庫

市橋則明　2017　『身体運動学　関節の制御機能と筋機能』メディカルビュー社

今村征男、塚田靖　2005　『打楽器教則本　小太鼓・大太鼓編』全音楽譜出版社

江渡文、村田伸、甲斐義浩、政所和也　2012　『把握動作における手指屈筋と手関節掌屈・背屈筋の筋活動の特徴』総合リハビリテーション/40巻4号

大串健吾　2016　『音のピッチ感覚』（日本音響学会 編　音響入門シリーズ）コロナ社

大塚敬子　1997　『打楽器がうまくなる本』音楽之友社

河合良訓、原島広至　2004　『肉単　語源から覚える解剖学英単語集』NTS

クルト・ザックス（郡司すみ 訳）　2000　『楽器の精神と生成』エイデル研究所

小泉文夫　2003　『人はなぜ歌をうたうか（小泉文夫フィールドワーク）』学習研究社

鮫島俊哉、荒木陽三　2019　『膜名打楽器の発音メカニズムの解明と応用』日本音響学会誌/75巻2号　pp.64-72

椎名亮輔　2010　『狂気の西洋音楽史　シュレーバー症例から聞こえてくるもの』岩波書店

鈴木徹、伊東元、江原皓吉、齋藤宏　1986　『手関節肢位と握力の関係について』（理学療法学/13巻（1986）6号 pp.409-413）

ジョナサン・スターン（中川克志、金子知太郎、谷口文和 訳）　2015　『聞こえくる過去〜音響再生産の文化的起源』インスクリプト

チャールズ・E・スピークス（荒川隆行、菅原勉 訳）　1996　『音入門　聴覚・音声科学のための音響学』海文堂

関昌家、鈴木良次、吉原耕一郎、大沼克彦、安斎正人、渡邉晶　2008　『手と道具の人類史　チンパンジーからサイボーグまで』共同医書出版社

田中由浩　2017　『振動に関わる皮膚特性，触知覚，運動特性』バイオメカニズム学会誌/Vol.41, No.1

中島祥好、佐々木隆之、上田和夫、G.B.レメイン　2014　『聴覚の文法』（日本音響学会編　音響入門シリーズ）コロナ社

ジョン・パウエル　2016　『響きの科学——名曲の秘密から絶対音感まで』早川書房

橋本裕太、後藤康人、安藤景男　2019　『膜鳴楽器の発音メカニズムの解明と応用』日本音響学会誌/Vol.75. No.2

傳田光洋　2015　『驚きの皮膚　未来を予知する力』講談社

平原達也、蘆原郁、小澤賢司、宮坂榮一　2013　『音と人間』（日本音響学会 編　音響入門シリーズ）コロナ社

宮本省三、八坂一彦、平谷尚大、田淵充勇、園田義顕　2016　『人間の運動学　ヒューマン・キネシオロジー』共同医書出版社

矢崎潔、小森健司、田口真哉　2017　『手の運動を学ぶ』三和書店

吉川茂、鈴木英男　2007　『音楽と楽器の音響測定』（日本音響学会 編　音響テクノロジーシリーズ13）コロナ社

渡邉淳司　2014　『情報を生み出す触覚の知性　情報社会をいきるための感覚のリテラシー』株式会社化学同人

James Blades　1970　*Percussion instruments and their history*　The bold strummer LTD.

MICHAEL CROY　2003　*A Physiologic Analysis of the Open/Close Technique*　PERCUSSIVE NOTES 54

Heinrich Knauer　1950　*Kleine Trommel Schule*　Hofmeister

Heinrich Knauer　1950　*Pauken Schule*　Hofmeister

F. Krüger　1942　*Pauken und Kleine Trommel Schule mit Orchesterstudien*　Leu Verlag

W. F. Ludwig　1962　*N.A.R.D Dum solos, A Collection of 150 solos of the national association of rudimental drummers*　Ludwig music publishing co.

ERNST PFUNDT　1849　*Die Pauken, Eine Anleitung dieses Instrument zu erlernen, Zweite vermehrte Auflage*　Breitkopf & Härtel

ANDREAS WAGNER　2006　*Analysis of Drumbeats – Interaction between Drummer, Drumstick and Instrument*　Master's Thesis at the Department of Speech, Music and Hearing (TMH)

◎著者略歴

深町浩司（ふかまち こうじ／Fukamachi, Koji）

打楽器奏者。1965年生まれ。長野県菅平高原の自然のなかで幼少期を過ごす。
上田染谷丘高等学校を経て武蔵野音楽大学卒業。打楽器全般を塚田靖氏に、ティンパニをライナー・ゼーガース氏に師事。大学在学中より東京吹奏楽団打楽器奏者として活動するほか、パーカッショングループ72の公演に参加し打楽器作品の初演にも携わった。またサイトウ・キネン・オーケストラのメンバーとしてこれまでに3回の海外ツアーを含む数多くの公演に携わるほか、東京・春・音楽祭、水戸室内管弦楽団、バイエルン国立歌劇場管弦楽団、ロッテルダムフィル、マレーシアフィルなど、国内外の音楽祭や公演に出演している。小澤征爾音楽塾でたびたび後進の指導にあたるほか、2008年からは愛知県立芸術大学で教鞭を執る。現在、同大学音楽学部および大学院音楽研究科教授。

フェイスブックページ「深町浩司　打楽器研究室」
https://www.facebook.com/auafukamachi/

あたら　だ がっき
新しい打楽器メソード
──ストロークをシステム化する

発行日　2019年12月31日　第1刷

著　者　深町浩司
発行人　池田茂樹
発行所　株式会社スタイルノート
　　　　〒185-0021
　　　　東京都国分寺市南町2-17-9 ARTビル5F
　　　　電話 042-329-9288
　　　　E-Mail books@stylenote.co.jp
　　　　URL https://www.stylenote.co.jp/

協　力　石垣享（愛知県立芸術大学教授、博士（医学））
　　　　加藤恭子（フリーランス打楽器奏者）
　　　　久保昌一（NHK交響楽団首席ティンパニ奏者）
　　　　小森邦彦（マリンビスト、愛知県立芸術大学非常勤講師）
　　　　清水太（東京交響楽団首席ティンパニ奏者）
　　　　塚田靖（打楽器奏者、東京学芸大学名誉教授）
　　　　イサオ・ナカムラ（ソロ打楽器奏者、カールスルーエ音楽大学教授、京都市立芸術大学客員教授）
　　　　平尾信幸（神奈川フィルハーモニー管弦楽団打楽器奏者）
　　　　ブルックス信雄トーン（Brooks Nobuo Thon　愛知県立芸術大学准教授、クラリネット奏者）
　　　　森田和敬（フィンランド放送交響楽団首席ティンパニ奏者）
　　　　柳澤千秋（埼玉精神神経センター脳神経内科医長、脳神経内科医）
　　　　Raymond Curfs（バイエルン放送交響楽団首席ティンパニ奏者）
　　　　Michael Kroutil（チェコ・フィルハーモニー管弦楽団首席ティンパニ奏者）
　　　　Don Liuzzi（フィラデルフィア管弦楽団首席ティンパニ奏者）
　　　　Rainer Seegers（元ベルリン・フィルハーモニー管弦楽団首席ティンパニ奏者）
　　　　　　　　　　　　　　　　　　　　　　　　　　（50音順・アルファベット順、敬称略）

　　　　ヤマハ株式会社
　　　　株式会社プロフェッショナル・パーカッション

装画・挿絵　可知夏実
装　幀　Malpu Design（高橋奈々）
印　刷　シナノ印刷株式会社
製　本　シナノ印刷株式会社